「新しい生活」とはなにか

災禍と風景と物語

水島久光

書籍工房早山

「新しい生活」とはなにか——災禍と風景と物語

目次

第二章　津波は何を押し流したのか――――81

第二節　「災害ユートピア」論再考　110

第三節　風景とコミュニティ　129

第三章　時間と空間のテクスチャー――165

装幀 加藤光太郎
組版 岩谷 徹

はじめに

新型コロナウイルス感染症が、メディアに取り沙汰されるようになった最初の数か月、私は、報道を追いながら、過去に経験した同じような居心地の悪さを、思い出さずにはいられなかった――それは東日本大震災であった。そして、ちょうどその発災から一〇年になることを踏まえて、両者の結びつきをきちんと言葉にしていこうと思い立った。最初の緊急事態宣言が解除されたころである。

津波と感染症とでは、災害としての性格は大きく異なる。しかし日常生活を壊すという点において、それは決して少なくないレベルの共通性を有している。むしろさまざまな現象面での違いがあるからこそ、「壊される」対象である「生活」の認識しづらさや、自明性を重ね合わせ、問うことができると考えたのだ。きっかけは「新しい生活様式」という言葉に、耳が拒否反応を示したことにある。その薄っぺらさに、怒りに近いものを感じた。

メディアと哲学の架橋を考えてきた私に、「生活」という言葉を概念的に捉え直したいという欲求は、ずっと以前からあった。しかしそれは、単に旧来のアカデミックな身構えをとるだけでは、余計に手の届かないところに行ってしまうようにも感じていた。それはいわゆる「生活史」という方法が注目を集めるようになって、いっそうそう思うようになっていた。何か別の方法がある。

できれば研究業界の閉鎖性や硬直性を批判する意味でも、アクチュアルな世界との「行ったり来たり」をしながら考えてみたい。現実に対する説明力を失ったら、学問にはその価値はなくなる――でも、そのためには、普通のボキャブラリーとのインターフェイスが必要だ――そこにCovid-19はやって来た。そしてオリンピックとともに「震災一〇年」も飲み込んでいった。何かを語るには、タイミングというものがある。

いい機会だから、じっくり自分の仕事を検証してみよう。そしてかれこれ一〇年以上、書き散らしてきた小論やエッセイなどをつなぐ作業をしてみよう。薄く広く色々なことに関心をもって手を広げてきた。自分でも、うすうす予感がしていた。バラバラなようでそれらは一つの方向を指し示していたのではないか。その遠い先にある概念が実は「生活」だった――ひとつ、それを「仮説」にしてみよう。そして私は、少しずつ、本棚や積み重なったノートをひっくり返し始めた。

第一章　新型コロナウイルスという他者

第一節　感染症のボキャブラリー

1　新しい言葉

二〇二〇年に発生した新型コロナウイルス感染症の流行について、我々は何をどのように語るべきなのだろうか。我々はなぜこれほどまでに「困難」にくぎ付けにされねばならないのか――メディアが第一報を発してから時間が経てば経つほど、ますます強くその思いに苛まれている。もちろんこれまでにいくつもの節目はあった。しかし世界的な流行に広がって以降、ニュースは同じところを行ったり来たりし、まるで時が止まったかのような時空間の中に、宙づりにされている。

こうした状況をなんとか打開すべく、数々の「新しい言葉」が生み出された。二〇二〇年二月、クルーズ船「ダイヤモンドプリンセス号」の第一報に始まり、徐々に国内感染者が数え上げられるようになって、我々は「クラスター」「不要不急」「濃厚接触」「三密」という強い語気に煽られ、「咳エチケット」に従った意識化が求められるようになった。三月中旬、欧米での感染の急拡大が衝撃映像とともに届くようになると、WHOや各国の指導者たちが行動制御に動き出し、「ロックダウン」「ソーシャル・ディスタンシング」「ステイ（アット）ホーム（Stay Home）」といった厳しい言葉が輸入されるようになった。いっぽう、まだやる気満々でオリンピックの準備にかまけていた日本政府の反応にしびれを切らした感染症の専門家は、自ら「八割おじさん」を名乗り、「オーバーシュート」という聞きなれないことば（和製英語？）で「医療崩壊」の警告を発した。

二〇二〇年三月二四日のオリンピックの延期報道とともに、国内の感染者数は堰を切ったように増大した。すかさず、それまで声を潜めていた官邸や自治体の長は、リーダーシップイメージを競うかのようなパフォーマンス合戦を繰り広げるようになった。「緊急事態宣言」が過度な緊張を強いるいっぽうで、「アベノマスク」が嘲笑を誘い、政策の多くが、空振りや混乱の助長となった。四月後半以降、徐々に抑え込みが功を奏しているかのような数値が報じられると、「新しい生活様式」「新しい日常」「ニューノーマル」といったボキャブラリーとともに、人々は「コロナ後（アフターコロナ）」を意識し、出口のイメージを模索するようになった。

しかし未知のウイルスとの向き合いは、甘くはなかった。五月の連休を経ていったん収束に向かったかのように見えた動向も、「自粛」の身構えが徐々に甘くなるにつれて、一度掛かりかけた歯止めが外れてしまった。六月上旬からは、再び発表される感染者数は、以前より大きな上昇カーブを描きはじめる。それとともに人々はアフターから「ウィズコロナ」へ気持ちを移した。経済活動の回復を求めるトップダウンの要求と、長引く緊張状態からの逃避願望との安易な妥協が隠しきれなくなった七月後半、再び国内は連日の「過去最大の感染者数」報道に怯えるようになる。視線を世界に転じれば、ダッシュボードのトータルの数値は、中心地を移動させながらも、半年を過ぎてますます拡大の一途を描くようになる。第二波である。それも一〇月～一一月にいったん落ち着きを見せる。しかし一二月後半以降の第三波は、二回目の「緊急事態宣言」の発令を余儀なくさせた。そして三月二一日の解除を経て束の間、東京都を中心に、四月二五日から三回目の「宣言」下に入る。かくして、この地球規模で起こったパンデミックからの脱出は、二〇二一年五月一〇日現在、ワクチン接種の不透明さとともに、全く見通しが効かないものとなっている。

2　インフォデミックの警告

新型コロナウイルス感染症（COVID-19）の深刻さは、社会機能を停止させるという未曽有の事態を我々に強いている点にある。もちろん感染症の流行自体は人類にとって初めてのことではない。記録を辿れば過去には多くの不幸な歴史が刻まれているし、この一〇〇年を見ても、スペイン風邪から、香港・アジア風邪、エイズ、エボラ出血熱、そして近年ではSARS、MERSなどいくつもの経験を重ねてきた。

感染者の致死率や重症化のスピードで比較するならば、もっと深刻な状態が危惧されたこともあった。しかし今回の経験にはそれらとは決定的に異質である。いうならば、このウイルスは我々の「現実」に対する認識を次々に欺き続けている。そして過去の数々の経験にもとづく、難局に向き合う身構えを根底から切り崩した。すなわち我々は「何が起きているのかわからない」ところに放置されつづけている。

そもそも瞬く間に世界に感染が広がった理由は、我々の「普通の対面生活」「人と人とのコミュニケーション」が媒介となったからだ。それにグローバルスケールの人々の移動や旅行、不特定多数の人が接触し合うイベントや祝祭がクラスターを発生させ拍車をかけた。そしてその無意識の行動がもともと不可視なウイルスの不気味さを際立たせた。発症せずに拡散させる潜在的スプレッダーが市中感染を広げた。さらには重症化のスピードや隔離政策、遺体への無慈悲な扱いが報道を通じていきなり視覚化されると、それは人々の恐怖心を一気に煽った。この「見えない相手」による「悲惨な現実」が、我々の判断を次々に狂わせていく。発表される数字には多様な解釈が飛び交い、対策や政策の出遅れは疑心暗鬼から信頼を崩壊させ、どんどんメンタルを蝕んでいく。

次々に発明された「新しい言葉」は、なんとかこの現実を認識しようとする「もがき」であったともいえるが、その数と馴染みにくさはなおいっそう、情報の受け手を疲弊させた。「見えない」苦しみは、認識すべき対象（相手）だけでなく、この先を考えるために不可欠な状況認識——すなわち「今」がどのような段階であり、「この先」どうなるのかという将来展望が開けないことのもどかしさとなって襲い掛かり、思考停止に追い込んでいった。

これまで我々は、あらゆる災いに対して、それを「出来事」と捉え、「はじまり」と「おわり」があるものとして考えて振舞ってきた。すなわちそれには「乗り越えられる」「克服できる」という物語的な結論の先取りがなされ、もっと言えば目的論的に、時には「戦い」のメタファーを用いて対峙してきた。それはイデオロギー以前の、素朴な意識の志向性（フッサール）のようなものであった。そこで頼るべきは「言葉」であり、そこに確からしさを裏づける「何か」を求めた。しかし今回は、その「言葉」が極めて困難な状態に至っている。ともかく我々の、まるで暗闇にいるかのような感覚は続いている。

ＷＨＯはこうした認識論的な危機に対して、早くから警告を発している。二〇二〇年二月四日、ＷＨＯの危機準備担当局長は「パンデミック」に先駆けて「根拠のない情報が大量に拡散する〝インフォデミック〟が起きている」と指摘していた。この指摘で最も注目すべきは「根拠のない」の部分であろう。問題は単純に情報の「量」の多さにあるわけではない。ある発せられた言明が、その真理条件を満たさず、あるいは他の言明との論理的関係性が保証されずに広がっていくことが問題なのだ。現に濫発されている、何人かの政治家や専門家の、こうしたアナウンスは、もはや意味論的危機のレベルに達している。

メディアはその鏡となって状況を映し出している。すなわち情報の量は担保するが（というよりも、危機になればなるほど、その生産を加速させる）、意味がきちんと生成されるまでのプロセスは一切保障しない。

3　「専門家」とは誰のことか

私が新型コロナウイルス関係のニュースを「マメに」チェックするようになったのは、安倍晋三首相による二〇二〇年二月二七日の全国の小中高校の休校要請以降だった。前日に出された、大規模イベントへの自粛要請と合わせて、ある意味ここが初期における最も大きな転換点であったといえよう。正直に言えば、自分自身もそれまでは「コロナ」に対してそれほど危機感を抱いていたわけではなかった。それが変わったきっかけが、この畳みかけられた首相のパフォーマンスである。腰が抜けそうになった。それまで定例の会見や動静記事において特に目立った発言がなかっただけに、あまりにも唐突だった。案の定、直接影響をうけた人々は混乱し、報道はその動揺を追走した。

立て続けに「要請」のメッセージを発した首相だが、三月二日の国会審議ではそれらについて「専門家に聞かずに決断した」と答弁し、議場がどよめく事態となった。朝日新聞の今野忍記者はその様子を伝える記事に「首相は休校決断の根拠説明を」と題した寸評を加えた。もちろん、文意は責任ある者に対し、その説明を求めるものである。しかし、当時はまだ小さな「唖然」に止まっていた世間のリアクションは、その後の彼や閣僚たちの同類の発言や立居振舞い一つひとつが重ねられていくにつれて、実はとっくの昔にそうした断線が常態化していたことを知り、呆れたような態度を示すようになる。

ここで本来「意見を聞くべき対象」として名指しされた専門家とは、専門的な知識を持つ者と称される人々に宛てた一般名詞ではなく、政府が二月一四日に発足させた「専門家会議」のメンバーのことである。わざわざ政治的判断の「根拠」を与える知識を特別に集積させ、組織したにもかかわらず、それを利用せず独断に走った背景には何があったのだろうか。一部には、先行して感染拡大地域になりつつあった北海道の鈴木直道知事が、二月一七日の緊急記者会見以降、自ら逐次状況を伝える姿を意識したのだとの声もあった。その真偽はともかく、国内に限らずこれ以降、感染が広がる欧米発の情報も含めて、政治家たちの姿が被写体としてクローズアップされるようになる。

こうした記号的に浮遊する「リーダーシップ」のイメージと、「根拠」から切り離された言葉との関係に、発話行為の貧困化を読み取ることは容易だろう。脈絡をはぎ取られ、権威的存在としての確からしさのみに、身を寄せるべき「よすが」を求めなくてはいけないほど我々は切迫していたのか。それともそうすべきという超自我の声に引き寄せられていたのか——いずれにしても、とりわけ我が国の政策責任者たちは、これ以降「姿を現す／身を隠す」オンオフが示すバイナリ・コードに頼って、意味の生成過程を切り詰めるようになる。

「専門家たち」は、全くその割を食った格好になった。二月一四日に会議が設置されてから、六月二四日の西村康稔新型コロナ対策担当大臣の唐突な解散宣言まで、たくさんの「言葉」を発し続けたのは実は彼らである。メンバーの知見は医学的見地、とりわけ感染症対策の「専門」に特化しており、必ずしもその知見がこの「災害」の社会的影響範囲を広く見通したものではなかったにも関わらず、である。それがいきなり一般の人々の耳に届いたのだ。かの首相の「聞かずに決断」発言にはじまり、三月一九日の「オーバーシュート」警告の唐突さ、五月二八日に明らかになった議事録不在問題など、ちぐはぐさは目を覆うばかりだった。しかしそれは本来、政策担当者に助言を行う役割だったはずの彼らが、直接社会に向けてむき出しの「言葉」を発する役目を担わされた結果であった。

4　リスク・コミュニケーションのリスク

振り返れば二〇二〇年三月三日、既にもやもやした空気は蓄積し始めていた。そこでダイヤモンドプリンセス号以降の報道やネット言説の動きを踏まえ、いかに判断すべきかを自分なりに整理し、「新型コロナウイルス（COVID-19）問題と社会的合意形成」という覚書にまとめ、私はFacebookに公開した。

「いま我々に最も必要とされており、かつ困難な状況に直面していることは、この感染症に対する知識と理解の共有であり、それに基づく判断や行動について『合意』を形成することである。民主社会においては、それは基本的に討議によって行われるものである。しかし、災害や今回のような感染症の流行といった突発的な事態においては、それがままならないことがしばしばである。リスク・コミュニケーションとは、それに対抗する技法ではあるが、実はその日常的コミュニケーションとの乖離そのものが、リスクを拡大させてしまうことも少なくない」。

念頭には、九年前の東日本大震災の記憶があった。確かにあの時も相当にメンタルがやられた。しかし時が経つに従い、それとの「状況の違い」がだいぶ理解できるようになってきた。先に述べたように「はじまり」と「おわり」の不透明さが第一。それに加えて「違い」が際立ったのが「風景」である。確かに緊急事態宣言が出された四・五月、東京などの都市部のゴーストタウン化した街並みは、確かに非日常感を醸しだしていた。しかし「宣言」解除以降はあっという間に普段の生活環境に戻ってしまった。視覚的に危機を認知することができない「かりそめの日常風景」――それは誰もが全く経験したことがない、新しい緊張感を強いる不透明さだった。

見た目で変わったのは、(私が住む都県境の町でも)ほぼ一〇〇%に近い人が「マスク」をして歩いているということだけだ。建物も道も、走る車も何も変わらない。しかしその中に、もしかすると一週間で他者の命を奪いかねないウイルスの運び手がいる。東日本大震災の「津波」とその後の町の光景は、振り返ってみれば真逆だった。建物と道がまず無くなった。その後に赤土の嵩上げと、記憶を封印する「復興」という名の瘡蓋(かさぶた)が覆うようになった。比較的「コロナ」に近い様相を呈していたのが、福島第一原発の放射能汚染地域の「風景」である。しかしかの地に「ひと」は戻らない。一〇年たってもゴーストタウンを強いられ続けている地区では、建物と道は遺跡のように朽ち果てている。

これらの三つの「風景」の経験を通して、考えさせられたのはリスク・コミュニケーションという概念の射程の狭さである。リスクには、空間的には最悪の状況を核に、同心円状に広がり、時間的には直線的に盛衰するイメージがある。よって自然災害にしても人災にしても、発災の特定がその対象化を支える。しかし実際、多くの災害の場合、人々はその先入観に裏切られる。津波しかり。放射能しかり。そこであやふやになる時差や距離は、危険に対する「構え」としての、言語行為の有効範囲を危うくさせる。

そしてその先にもっと恐ろしいことがある。権威との関係性の中に、その感覚差が代入されるのだ。言い換えれば、不確実性がもたらす不安を何かによって贖おうとする避けがたい欲求が、リスク・コミュニケーションなるものを呼び込むのだ。だからそれらは生政治的な、「いのち」と「いのち以外の大切なもの」とのトレードオフを容認する――いわゆる「むき出しの生と社会的な生(アガンベン『ホモ・サケル』)」の問題が現れる。

さて、この度の新型コロナウイルス感染症に関わる「コミュニケーション」は、メディアの振舞いも加味しつつ、この「リスク」の観点からどのように評価すべきなのだろうか。三月三日に私が書いた覚書では、「個々の社会構成員の「時間感覚」「空間感覚」の差が、コミュニケーションのリスクを拡大させるという点を指摘した」と言うに止めている。しかし、もうこの時点で気づいていた――要は、コミュニケーションにそもそも内在するリスク要因が、抑制するものを失って一気に吹き出した状態にあると。そこでは狭隘な「リスク・コミュニケーション」への欲求は暴走を始め、コミュニケーション自体にもういっぽうで備わっていた民主主義的ポテンシャルを潰しにかかっている、そんな予感がしていた。そしてその現象の裏側には、「合意」への志向、すなわち我々人間の生の共同性に対する諦めのムードが仄(ほの)かに透けて見えはじめていた。

5 『ヒトはなぜ協力するのか』

人類学研究から認知心理学へ、そして人間の言語習得の問題に関心を広げていったマイケル・トマセロは、「コミュニケーション」のかたちに他の霊長類と人間との根本的な差異があることを指摘する。「言葉は本能ではない」という彼の主張は、チョムスキーらの生成文法理論の根底に先取りされている言語の生得主義を否定し、「言語が総体として持つ機能はコミュニケーションである」とした点においてセンセーショナルであった。すなわち「言語は系統発生的には、コミュニケーションの目的で進化したものであり、個体発生的にはコミュニケーションの目的のために学習される」(『認知・機能言語学』、p.10)——しかも、その端緒に見出される「指差し」と「ものまね」。これこそが人間のコミュニケーションを、他の動物と分かつものだと彼は言う。

例えば、ボノボやチンパンジーなどでは、二者間の威嚇あるいは服従といった関係がコミュニケーションの原初形態として現れる。それに対して人間は、「他者の注意を外界の物や出来事に向ける」三項関係を言語使用の基本形態として身につけている。それは幼児期における言語習得が、既にコミュニケーションを行っている共同体の中に入って行われることから証明されうる。トマセロが拘った「人間と人間以外」の間のコミュニケーションの違いという視点は、交される記号の中身よりも「その記号がどのように機能するか」へと我々の関心を導く。そこに見出されるのが「他者」と発話主体との関係性である。コミュニケーションのあり方はまさにこの関係性に従属する。

トマセロは大型霊長類に見られる「個体が他者に影響を与えるという目的に向けて柔軟に使い方をコントロールする」性向の複雑さの度合いの中に、人間のコミュニケーション特有のものを見出す。それが「共有志向性」すなわちコミュニケーションの協力モデルである。「指さし」がここで大きな意味をもつのは、それが一つの「ともに生きる」空間認識の支えとなっているからである。それはさらに、「要求する」「知らせる」「共有する」という三つの動機によって構成される。すなわち相手に直接的な影響を行使するのにとどまる、大型霊長類一般のそれとは異なり、人間のコミュニケーションは空間を媒介とした「解釈項の共有」を目指している。

ただしトマセロは、この「共有志向性」をあくまで両義的に捉えている。例えば彼は政治家たちが、そのネガティブな側面を刺激していることを告発する。「ひとびとが協働し、ひとつの集団として考えるように仕向ける最良の方法は、敵を特定し、『かれら』が『わたしたち』を脅かしていると非難すること」（『ヒトはなぜ協力するのか』、p.84）であると知っており、そこに人々を誘導する。しかしそれはダニエル・ブーニューが言うところの「コミュニケーションの閉じ」に対応するもので（『コミュニケーション学講義』）、政治家たちの悪意によるというよりは、その記号現象そのものに内在する、本質的なアンビバレンスであると言える。

ブーニューは、パル・アルト学派の言葉を引き人々は「コミュニケーションせずにいられない」と言い、情報の伝達に対するコミュニケーションの優位性を、指標記号（指差し的な意味生成）がその機能の根底をなすことによって（「記号のピラミッド」として）説明した。トマセロやブーニューが示したこの指標記号の働きは、コミュニケーションに参加する者が時間と空間をともにし、指さすものの先にある対象、その距離や自身との関係性を同じように認識することが可能になることによって成立することを説明している。とするならば、人々がコミュニケーション、あるいはその前提を成す関係性が「あるかのように」振舞う必要が生じたとき、偽または仮の対象を措定するということは、必然のことなのである。

感染症流行を含むいわゆる「災害」を、そうした事態として定義してみてはどうだろうか――それが本書における最初の提案である。そうすることで、「発災」以降は「復興」に向けた直線的な道が開けていることが自明であるかのようなフィクションも排除でき、また直接的な被害で落とす「いのち」以外のさまざまな問題に幅広く向き合えるようになる。何よりもそうすることによって、今回のコロナ問題において噴出した、他の災厄との、あるいは地域間での感染者数・死者数の比較や、「感染防止VS経済的困窮」といった議論が、まるごと射程に入ってくるのである。

6　＃僕らの日常を守れ

「災害は、我々の共同性を危うくする」――なぜなら、「災害」は共同性の前提を成すコミュニケーション環境（時間・空間が創り出す認識空間）を破壊するからである。その一点において、東日本大震災がもたらした津波被災地の光景も、バリケードに囲まれた放射能汚染地域も、市中感染が静かに広がる都市部のかりそめの賑わいも、同列に考察の対象にすることができる。あるいは、人の行いに由来する壊滅的な環境破壊も――（原発事故もそうかもしれないが）、行き過ぎた開発や、資本が撤退した企業城下町などの「消滅」が危惧される地域経済の問題などもその範列に並びうる。

こうして見ていくと、我々が問題とすべき「リスク」は、直接的な「死」の危険に近いところに限られたものではなく、時間をかけて「生」の支えを危うくさせるものも含む、さまざまなことがらに関わる評価軸をもって語らねばならないということがわかってくる。そうした問題の対象全体を包括するカテゴリーをここでは「生活」と呼ぶことにしよう――これが本書における第二の提案である。

この「生活」という概念、あるいはそれに隣接する「日常」という言葉は、これまで多くのアカデミシャンが扱ってきたにもかかわらず、その多くが交わらず、不用意な、あるいは消去法的な用いられ方をしてきた――その詳細は先々できちんと検討するとして、ここでは、今回の新型コロナウイルス感染症の流行、そしてその経験をしっかり歴史的に位置づけるために、対照しうる過去の災禍との関係との中で、この概念が浮かび上がってきた経緯を説明してみたい。

二〇二〇年三月六日、私はTwitterに一つのハッシュタグを添えて投稿した。「#僕らの日常を守れ」――二月二七日の休校要請以降いきなり可視化された矛盾がまず牙を剥いたのは「普段通りの生活」に対してであった。子供たちを学校に預けることで成立していた日常、文化やエンタテインメントが支えていた日常のリズムへの気づき――それがいきなり奪われたことが、ちょっとしたパニックをもたらしたことにタイムラインは強く反応していた。そこでこの日から学生の協力も仰ぎ（五月一一日から始まった遠隔授業の課題にした）ニュースサイト（asahi.com：朝日新聞）の記事のクリッピングを始めた。並行して、全国一律にはじき出される数字に一喜一憂するのを止め、県別に状況を定点観測していくことを始めた。

すると徐々に、この「災害」がどのようなグラデーションを描いて広がっているのかが、時空間とコンテクストの両面で視覚化されるようになった。ネット上に公開された幾つかのダッシュボードが役に立った。私もそれに倣ってデータを自分なりに地図とカレンダーに落としていった。するとそれによって、随分と「自粛」の息苦しさから解放されるようになった。それまで四七都道府県を旅することが仕事のようになっていた私は、ヴァーチャルに、各地のメディアを介してコミュニケーションを渡り歩きながら、いっぽうで『ミクロの決死圏』のように、ウイルスの振舞いを想像する視差をもつ余裕が生まれてきたのだ。それからは、数千にも上るネット記事のセリーが、六つの層に色分けされて見えるようになってきた――それは、「感染状況」「ウイルスと感染症そのものについて」「コロナが与えた社会的影響」「その対策」「対策の不備によって浮かび上がる社会の歪」「それを伝えるメディアのメタ言説」である。感染数とその広がりによって、各々これらの層は刻々「厚み」を変化させていった。

四月に入り、緊急事態宣言以降は、「新型コロナウイルスの影響で…」といった枕言葉を含むリードが、Asahi.comでは全ての記事の約八割から九割を占めるようになる。そうしたテキストを介して、阻害されたものとして「生活」「日常」の輪郭は浮かび上がってきた。それはもしかすると、これまで断続的に経験してきた自然災害や、人為に由来する災禍にも共通していたものなのかもしれない――「コロナ」は、今まで目に見えにくかった大切なものに接近していく方法を、導きはじめていた。

7 『不要不急の銀河』

Asahi.comの記事クリッピングは五月二一日まで続けた。当初予定された五月六日までの緊急事態宣言は、その前々日に月末まで延長が打ち出された。だが早くも七日には直近一週間感染者ゼロが続く一七県での解除検討の報道が流れ、一〇日はその対象は三四県に増え、結果一四日には三九県が解除される。残った八都道府県のうち関西の三府県は二一日に解除決定。最終的に二五日には全面解除となる。連休明け以降は、実際に感染者数は減り続け、五月一五日以降、東京でも一桁にまで落ちる日も目立ち、終息への期待は高まった。

いっぽう、自粛要請による経済のひっ迫は限界に近く、各自治体や団体は事業再開のガイドラインやステージを設定し、また再び感染拡大に転じた場合への注意喚起方法に独自性を打ち出す（東京アラート）など、報道も賑やかしくなっていった。安倍首相も「わずか一カ月半で流行をほぼ収束させることができた。日本モデルの力を示した」（五月二五日）など、ほぼ勝利宣言に近い談話を発表するなど、課題はアフター・コロナに移っていくかに見えた。しかしそうはいかなかった。六月に入り、人の動きが戻り始めると徐々に感染者数は再び増大に転じる。六月最終週は東京で平均五〇人を超え、七月二日一〇七人、七月九日二二四人、七月二三日三六六人、八月一日には四七二人と、三～四月の第一波では見られなかった上昇カーブを描いた。

六月初旬の段階では、政策担当者たちやメディアは感染拡大ポイントを「夜の街」と名指しし、また主たる感染者を二〇～三〇代に絞ってアナウンスすることで、第二波が限定的であるイメージを必死で演出した。しかしむしろその作為は、判断の一貫性のなさと、緊急事態宣言の間の体制を整える努力が不十分であったことを露呈させてしまう。その混乱の中で強引に導入された「Go To トラベル」の矛盾は、「アベノマスク」「特別定額給付金」のもたつきには笑ってすませていた庶民感情を激しく刺激する。そして感染が広がる市中には、怒りを通り越して、諦めのようなムードが漂い始めた。

かくして議論は振り出しに戻り、二周目に突入する。そのことを象徴するような番組が七月二三日（本来ならばオリンピック開会で活気づいていたはずの四連休の初日）に放送された。それが『ドラマ&ドキュメント 不要不急の銀河』（NHK）である。「ドキュドラマ（ドキュメンタリーとドラマの手法を取り混ぜた形式）」ではない。この「コロナ禍」の中で、如何に「三密」を避けながら、どうしたら番組制作が可能になるかに挑戦したスタッフや出演者たちの「記録（ドキュメント）」であり、またそうした状況をモチーフに書かれた脚本によるドラマとのパラレルな構成。「夜の街」と叩かれ、最も「不要不急」の象徴とも目される「スナック」を舞台に、さまざまな世代からなる家族と生活空間の内と外から、冷静かつコミカルに日常と非日常の界面を切り取るカメラ。思わず唸った。

そうなのだ。我々は「コロナ」そのものが与える「いのちの恐怖」と、一見極めてロジカルで正しい「不要不急を抑制する」圧力の間に「生きている」——この「昨日と同じ風に毎日を送りたい」、持続を期待する時間感覚の中にある「生活」という対象を、いかに普段蔑ろにし、積極的（ポジティブ）に捉えてこなかったかを改めて思い知る。しかし、極めて皮肉な言い方だが、それ（生活）はその「凝視」から逃れるようにしてこそ、存在しうるのだ。脚本を書いた又吉直樹と、制作陣の「その弱い安定を捉え損なうまい」とする穏やかな緊張感が番組からはよく伝わった。私は、まるでそれを百数十年先の未来から見たアーカイブ映像であるかのように噛み締めながら見た。

8　何が「新しい生活様式」なのか

そろそろ私が本書で何を目論んでいるか、そのプランを端的に述べておかねばなるまい。それはこの「コロナ」ですっかり人口に膾炙するようになった「新しい生活様式」という言葉が意味するところを詳らかにしたいという動機から始まる。

政府の専門家会議が「新しい生活様式」という言葉を使って「提言」を発表したのは、二〇二〇年五月一日である。次いで五月四日に具体的なその内容が示されたが、これもまた二月末の休校や自粛の「要請」、四月七日の緊急事態「宣言」に次ぐ衝撃だった。何に驚いたかと言えば、それは「生活」を挟み込む「新しい」「様式」という言葉の遠慮のなさである。直截に言えば、このプライバシーへの介入は、我々の公共圏が私生活の尊重の上に成り立っているという大前提の破棄であり、民主主義の根幹を揺るがすものであるように私には聞こえた。百歩譲って、それが感染症研究者たちによる「会議」が発したものであるとしてその意味解釈を留保したとしても、それを既存の社会的コンセンサスのフィルターを介すことなく市民にぶつけさせたことに、ふつふつと怒りがこみあげてきた――かくのごとく専門家会議は、政権に「都合よく」使われてきた。そのことも含む怒りである。

「新しい生活様式」は、よく欧米で言われる「ニューノーマル」と並べて用いられるが、この扱いも相当に作為的である。「ニューノーマル（新常態）」が言われるようになったのは、二〇〇八年のリーマンショック後の経済体制を指した表現においてであり、まずはそもそもの文脈が異なる。それを知ってか知らずか、「新」の文字が重なることを利用して、言い換え可能であるかのようにしているメディアの無邪気さにも呆れた――人々に「流れに乗ること」を促すだけのマッチポンプに堕した言説装置は、その後これらの語を大量に撒き散らし始める。それは緊急事態宣言以降、一気に増えた「コロナ」の「生活への影響」を謂う不満を封じ込めるために、カテゴリーそのものの意味をひっくり返す暴挙であった。

この時期に、実際に厚生労働省のサイトにまとめられた「新しい生活様式」の説明には（二〇二〇年六月一九日最終更新）、それ以前から言われてきた「マスク」「手洗い」「距離」以上の内容はない。ただそれを衣食住に労働・娯楽を加えた五つのシーンにブレイクダウンして、具体的に記述しただけで、とても「生活」という概念の大きさを語るものとは言い難い。すなわちそれをあえて「生活」と言い切ってしまうことは、まさに我々の暮らしの豊かさを、機械的な作動のレベルに切り詰めてしまおうとするイデオロギー操作の表明にも思える――こうした言説による暴力を許してはいけないと、その時の私は思った。それはディストピアへの流れを彷彿とさせるものだった。

こうした「力」への抵抗は、どのような方法をもって行うべきなのだろうか。私はそれが言説によって始まることに注目したいと思った。言説には言説をもって抗うこと。というよりも一方向的な言葉の流れに対しては、双方向のコミュニケーションを。行動の抑制は、我々の意味生成のメカニズムにおいて、時空間的な指示機能を失わせ、語用論的に解釈を萎縮させる。さらに、既にメッセージ間の相互参照性が損なわれている点において、意味論的な破綻もが見え隠れしている。言語が生みだす共同性が揺らいでいるこの状況を「生活」の危機と捉えることから、まずは始めてみよう。

この試みのターゲットは、「新しい生活様式」だけではない。それはこの年の春先から、誰もが口にするようになった「ソーシャル・ディスタンス」「Stay Home」といった言葉を、抑制・要請的なコンテクストから解放し、本来の「生活」というカテゴリーがもつ豊かな領域で解釈できるようにするアプローチでもある。なぜならばディスタンス、そしてホームとは我々の「生活」を成立させる重要な要素たるからである。それは「生活」に関する想像力を、その言葉のそもそもの意味である「生きられる」条件の総体次元へ、とり戻すことにつながるのである。

第二節　「例外状態」と「生活世界」

1　アガンベンの「脊髄反射」？

敢えて皮肉をこめた物言いをするならば、いわゆる「知識人」という人々にとって「危機」は、美味しい。もちろん当然、そんな下衆な感覚で学問に取り組めるわけではないが、日頃、探究を重ねて整えてきた自らの理論を、その「危機」の説明のために繰り出す行動に出るのはある意味不可避である（むしろ、「だんまり」を決めている当該領域の研究者がいたなら、怠慢であるとの批判は避けられないだろう）。とはいえ哲学者ジョルジョ・アガンベンの二〇二〇年二月二六日の反応は、いささか脊髄反射的であったといえなくもない。

アガンベンは、イタリア政府の出した緊急の政令に対し「過剰である」として強く反対する時評を発表した（「エピデミックの発明」）。それに対して、ジャン＝リュック・ナンシーは翌二七日速攻で反論をＷｅｂサイトに掲載した。「コロナウイルスは通常のインフルエンザとはほとんど変わらない」とアガンベンが明言したと冒頭述べているが、これは多分ナンシーの意図的な誤読で（アガンベンはイタリアの学術会議の声明を引用し、それと政令との矛盾を指摘した）、それよりもアガンベンがかねてから主張していた「例外状態の常態化」を裏づける事象として糾弾していることに異を唱えることを狙いとしていた。

「標的を間違えてはならない。問われているのは、明らかに文明の全体なのだ。（略）政府はこの例外化の哀れな執行者にすぎない。それゆえ、そのような政府を批判することは、政治的な省察というよりも陽動作戦に似ている」（「ウイルス性の例外化」）

もちろんそのリスクはアガンベン自身も分かっている。だからこそ「悲しいのは、この措置によって人間関係の零落が生み出されうるということ」（「感染」、三月一〇日）「生き延びる以外価値を持たない社会とはどのようなものか？」（「説明」、三月一七日）と、再び自身の「ホモ・サケル」論に依拠して応答する。それに対しナンシーはアガンベンが依拠する『生政治』という語がどれほど取るに足りないものかがよくわかるだろう」（「あまりに人間的なウイルス」三月一七日）と返し、持論の「人間」概念の脱構築に引きつける――この論争には、九・一一の時も速攻で論考を発表したスラヴォイ・ジジェクも参戦（三月一六日）、二人の論争に介入する格好で、持論の「コミュニズムの可能性」に回収しようとする（『現代思想』二〇二〇年五月号）。

こうした哲学者たち独特のボキャブラリーに閉じた応酬は、日々の感染の広がりに怯える人々にとってどのような意味を持つのだろうか。あるいは政府に梯子を外され、専門用語を大衆に翻訳して伝えることに四苦八苦している医療プロパーの人々に、どんな助けになったのだろうか――もちろん当時、まだ始まったばかりのゲーム盤の上で、駒をかき回してしまったアガンベンの拙速さは責められねばならないだろう。しかしそれにカウンターを放ったナンシーもジジェクも、結局は従来からの彼らの主張に当てはまるケース・スタディとして、この事態を利用していたように見える。

そもそも、こうした転倒はどうして生まれたのだろう。彼らは一様にこの現代社会の歪を批判的に論じる立ち位置にある。しかし、その言説自体が、「論争」自体を消費に導くもう一回り大きなダイナミズムの中にあるとしたらどうだろう。ナンシーがパスカルを引いて言う「人間が人間を無限に乗り越える」(『パンセ(上)』、p.151)という近代の宿命が、その問題設定の閉じと、その「人間」を問うフレームの外から我々の存在は常に絶えず侵食されていることの証——その意味で、改めて「例外状態」を問うことは、その困難を浮かび上がらせる手続きとしては確かに正しい。

そうなると問うべきは、この迫りくる「例外状態の常態化」は、このパンデミックが「引き起こした」ものなのか、あるいはもともと我々にまとわりつくように「あった」もので、今回のリスクとはそれを顕在化させたものであったということなのか、である。仮に後者であったとしても、それは「人間」の本質としての共同性とどのような関係にあるのか——すなわち、これまで我々は人為的にそれを抑え込んできたのか、それとも同じく人為的にそれを裁断する方向で、自らを脆弱化させてきたのかではその問いは大きく異なる。すなわちこのあたりを精緻に問うことは、仮に我々がこの危機を乗り越えたとして、いったいどこに向かうのかという議論への道を開く。もっと直截に言うならば「新しい生活様式」によって批判されるべき「古い生活様式」とは何なのか、という——これは、哲学のディシプリンに閉じることなく、広く日常の対話のステージに乗せ得るアジェンダであると言えよう。

この点においては、ジジェクの異議申し立ては正しい。「すべてはこの『もっと繊細な語彙』にかかっている」(『パンデミック』、p.63)。

2　まずは「見取り図」を描こう

中国・武漢で緊迫した事態に発展したこのウイルスの感染数拡大が、次にヨーロッパを直撃し、その後アメリカから中南米や新興国に広がるという流れは、このパンデミックが生物学的パラダイムを超えて展開していることを実に率直に表している。だからこそ、多くの分野を異にする論者が敏感に論考を発表した。そして不況にあえぐ出版業界は、それらをコンテクストの整理がつかないまま、アンソロジーとして次々送り出した。

もちろんそれ自体がインフォデミックを形成する一面でもあるのだが、それでも断片として流通することがもともとの存在意義であるSNSや、ネットを主媒体とするようになってこれまで以上にスピードに拘束されるようになったジャーナリズムにくらべると、これらのアンソロジーは(特に多く出版された五～六月の時点において)、情報を堰き止めて、その先の対話の「文脈」を形成するための種をまいたということは言えそうだ。

国内でも多く出版された「コロナ系アンソロジー」の中でも『思想としての〈新型コロナウイルス禍〉』(二〇二〇年五月三〇日発行)の冒頭に掲載された大澤真幸の論考は、まだ粗描とはいえ「対話を開く」ための見取り図となった。それは「持論に引き込もうとする」先鋭的論者とは一線を画す文体で書かれており、現代思想の「入門書」的ですらある。それはこの混乱した状況の中では、適切な態度であったといえよう。

大澤は、その論考に「不可能なことだけが危機をこえる　連帯・人新世・倫理・神的暴力」とタイトルをつけた（原稿日付四月二二日改稿。その後単著化される）。彼は、欧米を含めたそこまでのおよそ二か月の議論を整理するという姿勢をとりつつ、重要なアジェンダを提示している。それは「不可能なこと」である。このわかりやすい言葉は、このパンデミックがパラドックス現象で貫かれていることを指摘している。パラドックスとは、意味論と統語論、さらには語用論と意味論の間に生じる歪と言い換えてもいいだろう。ダニエル・ブーニューはそれをコミュニケーションの非成立のモメントとして挙げているが、実際それが指し示しているものは、意味の共有や合意を妨げる記号論的切断の働きである（『コミュニケーション学講義』、p.83）。

例えば「連帯」の問題は、その幾重にも捻じれた姿において「不可能性」を端的に示している。「コロナウイルス」の流行は、グローバル化した資本主義体制がその苗床であり媒介となっている。ゆえに声高に叫ばれた「封じ込め」策は、短期的には功を奏しても、長期戦とは相いれず、「国民国家レベルを超えた連帯」の不可能性——もっと言えば、「連帯＝手を取り合うこと」の困難に突き当たらざるを得ない。「人新世（アントロポセン）」という新しいボキャブラリーは、人間による自然の支配を歴史的に相対化するアイデアをもたらしたが、それは、「人間と自然の別のありよう」の想像しがたさを突きつけた。「コロナ」の蔓延によって大気汚染が世界的に解消されるという皮肉は、その象徴である。また「死へ直面」する緊張が長く続くことによるメンタル崩壊が「倫理」の前提である他者を守る意識を阻害し、解決策として期待されるＩＴ技術は「民主主義が全体主義へと転化する」ポテンシャル（神的暴力を呼び込む）を高める――大澤の指摘は、悉くパラドックスを浮かび上がらせる。

しかし、そこにははっきりと展望も示されている。一つは、大澤はアガンベンの言う「例外状態」を、こうした「不可能性」の分析から極大化した「疎外」状況であると見做し、それがもともと民主主義に内包された性質であったとしている点である。二つ目に、こうした「対人」「対自然」「対内面」「対権力」の四つの次元に織り込まれた矛盾を踏まえつつも、「合意」を志向する政治システムをコロナ後の理想として求め、当面の結論としている。

この議論には、そもそもパラドックスが生じる点に照準したブーニューやトマセロの指摘を代入する必要がある。それは彼らが注目した「記号論的切断」と、指標・類像（指差しとものまね）の意味生成を可能にする時空間の両義性を思い浮かべることである。そこには意味するものと意味されるもの、そしてそれを解釈するものの間の距離（隔たり）がある。

3　ウイルスを主語にしてみる

アガンベンを批判したナンシーの指摘に戻ろう。彼の批判は脱構築という作法に則った点において、これまたいささかトラディッショナルに見える。さて我々は、半世紀になりなんとするモダン

VSポストモダンのコップの中の嵐から、未だに出られずにいるのだろうか——そうではあるまい。ナンシーが引用した『パンセ』の一節の中で、「人間」という言葉に囚われるから、ドツボに嵌まってしまうのだ。そうではなく、むしろ照準すべきは「無限に乗り越える」こと（作動）の方にあるのではないか。

そこでこのたびの長きにわたる「事態」の中で、誰が一体主役なのかを考え直してみることにしよう。すなわちウイルスを主語に世界を見る、というわけだ。その疫学的パースペクティブに則ってみれば、我々「人間」は単なる宿主でしかなく、ウイルスの遺伝子を継承していくための環境にすぎないということになる。したがって、そこで曝露後、発症するのか、さらにはサイトカインストーム（免疫暴走）を起こして重篤化するかは全く偶然に委ねられており、そこにウイルスの意志は介在していない（もとよりそのようなものはない）。むしろ症状が急激に悪化し、「人間」が宿主として機能しなくなる（死亡する）ことは、ウイルスにとっても決して望ましい結果ではない。つまり、何世代かの継承を経た結果、環境と折り合っていく方向で変化することは十分にあり得る。しかしその蓋然性をもって「ウイルスとの共生」を言うのは、時間軸のスケールが違い過ぎる。

とはいえ、この視点の転換は我々にとても大事な示唆を与えてくれる。それはウイルスという半生物の記号素的性格である。実はこうした気づきは、これまでも度々、文理を越境する好奇心を刺激してきた——その一つが一九九〇年代にジェスパー・ホフマイヤーが唱えた「生命記号論」である。生命現象を記号論的に読み解くこの方法論は、細胞レベルの選択行動に「解釈」の概念を与え、

「意味」の範疇を人間による言語的世界観の軛から解放した。しかし、この拡張は記号論の適用対象をむやみやたらに広げてみたいと考える欲望に利用されてしまう。こうして一種のブームとなった汎記号論的対象拡張のムーブメントは、それが何らかの原理的共有を促すものか、単なるメタファーなのかの境界を曖昧にしてしまう。

こうした記号論の弱点に対して、技術的進展とともにその守備範囲を広げてきたのが「情報概念」である。コンピュータやデジタルネットワークが処理対象としての「情報」に注目を集め、さらに遺伝子から社会、芸術表現に至るまでその要素をデータとしてハードウエアに取り込み、何らかの結果を出力するようになってきた具体的経験が我々に積み重ねられると、もはやその万能感は留まるところを知らない力を誇示するようになる。いまやＡＩやビッグデータは二一世紀の不可知論を解くための魔法の杖となり、そのまま経済システムのブラックボックスを引き受けたかのような恰好になっている。

「情報」が単に概念のレベルだけでなく、実態としてさまざまな現象の語り口を縫合していくようになると、それに合わせて我々は、それまで自明化されてきたさまざまな境界や包摂関係を疑うようになってくる。「生命」と「非生命」、「人間」と「機械」、「個」と「全体」等々。そのいっぽうで、それらの自明性が支えてきた秩序（コード）は相対化され、意味解釈はどんどん島宇宙化し、あるいはもはや意味が問われないような裸の「情報」が時空間に溢れるようになっていく――ウイルスという半生命体は、まさにそうした時代のキラー・ファクターなのである。

『利己的な遺伝子』を著したリチャード・ドーキンスはミームという方法的対象を設定し、文化の拡散要素として「マインド・ウイルス」という概念を用いた。そのコンセプトを受けたリチャード・ブロディは、生物学的、コンピュータ、マインドの三つの領域におけるその同質性を説く(『ミーム――心を操るウイルス』)。あるいはSF作家のウイリアム・バロウズは、「言語のウイルス性」と言った(『ノヴァ急報』)。こうしたフレーズが、しかしそれがどうしても現象面を上滑りしているように見えてしまうのは、その「伝播」という現象を俯瞰で捉えているからで、まさに「伝わっている」ものの現場に降り立った眼差しに欠けているからである。

繰り返そう。ウイルスの目の高さで世界を見る想像力が必要なのだ。個体としての輪郭やそれに基づく主体の大きさを捨象するならば、我々は計算機科学の支配という実態に後押しされて、いつの間にか承認してしまった「情報」概念をいったん棚上げにする必要がある。そして、再び個々の記号現象を議論するステージに戻るべきであろう。情報の作動を司るものは、それがオートポイエーティックかアロポイエーティックなものかはさておき、条件式(とその集合体であるプログラム)であることは違いない。「記号」の振舞いへの注目はその一つ手前の、個々の記号素に関わる「解釈」のプロセスの多様性に光を当てることになる。

それがナンシーの指摘を、ニーチェ以来焼き直し続けてきた、哲学に閉じたアフォリズムから救う方法ではないかと考えるのだが、どうだろうか。

4　システムと生活世界

話を本書の主題である「生活」という概念に戻していこう。「情報」という概念、とりわけデジタルな符号による意味解釈の置き換えが、そのグリッドの隙間に落としていったものの多くが、実は「生活（日常的な暮らし）」という言葉の平面において掬い取られるべき事象であったということに改めて気がつく。

例えば「生命」と「非生命」の差を情報学者西垣通は、ベイトソンを引きつつその自己組織性に求めたが（『こころの情報学』）、今日それはＡＩのプログラム化された再帰性によってかなりのところまでシミュレートされてしまっている。また「人間」と「機械」との境界線は、とっくの昔にデュルケムの社会分業論によって乗り越えられてしまっているし、「個」と「全体」の決定的な違いも、近年になって、カンタン・メイヤスーらの新しい実在論によって提案された新しい「死」の概念等によって相対化されつつある（もしかすると、この考え方が実はミーム論の根拠かもしれない――このことについては後述）。こうしたそれぞれの分野での「境界」への問いを重ね合わせてみると、それらの前提には、これまで分野ごとに分断されていた思考の枠組みとは異なるパースペクティブへの要求があるように思える。

そうした観点から再考してみたいのが、ユルゲン・ハーバーマスの『コミュニケーション的行為の理論』における「生活世界」の領域設定である。彼のこの概念は、決して積極的に導入されたものではなく、後期の「言語論的転回」の過程において、コミュニケーション行為の補完概念として登場する。もともとはフッサールの現象学、とりわけ『ヨーロッパ諸学の危機と超越論的現象学』で謳われた概念を引いたもので、ハーバーマスはある意味社会哲学的関心に限定してこれを用い、「社会を、システムであると同時に、生活世界としてとらえることを提案する」(下巻、p.16)

一般に同書でハーバーマスは、「システムによる生活世界の植民地化」というテーゼを唱えたことで知られるが、すなわちそれは「生活世界の外部からのシステムの侵略」的な意味ではなく、それぞれが社会的統合の二つの水準（視座）であって、背中合わせに社会を構成している原理のいっぽうが他方を支配している状態として読むべきものである。彼がアドルノやホルクハイマーから引き継いだ批判理論は、もちろんマルクス主義に依拠しており、このあたりは価値と使用価値の二重性、あるいは疎外論との関係を思い出せばすっきり読める。

ハーバーマスの理論体系においては、生活世界はコミュニケーション的行為が成立するための基盤として措定されたものである。そもそもその言語論的転回は、彼の初期の仕事である『認識と関心』『公共性の構造転換』のメカニズムを説くプロセスから生まれたもので、ここにおけるシステムと生活世界の対立は、私的領域から親密圏を経て我々が「社会」を形成するカギとなる「統合」に関わる問題を提起するための設えであった。しかし、ハーバーマスはまさに自分自身でその「関心」に引きつけて、その社会化の文脈の中で「生活世界」を切り取っているので、そこからその全体的なイメージを積極的に掴むことはできない。特にその（コミュニケーション行為の）「つねに背景にとどまっている」性格上、彼が定義する「コミュニケーション行為」を迂回しないとその理解にはたどり着けない。

またハーバーマスの「コミュニケーション行為」は、社会化のプロセスとしての「合意」を志向する理性主義的傾向が強く、その点においてもその「生活世界」にはそのネガとして、限定されたイメージがまとわりつく。しかも、そもそも生活世界を特徴づける「状況」について彼は詳細な定義を放棄しており、その代わりにそれを「指示連関」として「同心円的な構図を持っており、時空間的距離や社会的距離が増すにあたって、ますます匿名的かつ不明瞭となっていく」と言明している（下巻、p.24）――ここにおいて、ハーバーマスは、その例証を、フッサールのインスピレーションを継承したアルフレート・シュッツに委ねている。

それでもなお、ハーバーマスの「生活世界」概念措定が重要であるのは、現象学的な超越論的主観性のみでは届かない社会と、それを成立させる物理的条件（距離の問題）に言及しているからである。とりわけその「システム」との拮抗関係は、本書で問題としていることがらに対する説明力を持つ。我々が経験している感染症流行環境における「日常」「生活」の抑制・機能不全状態と、提示された「新しい生活様式」の内容に対する違和とは、まさに「システムによる生活世界の植民地化」の証そのものとして映るからだ。

今日、我々につきつけられた、医療か経済かの二者択一は、なぜ我々の精神状態を苛み、さまざまな文化的なことがらをそこから放逐するのか、その問いに答える手掛かりを与えてくれる――それは、まさに「システム」がその成立原理たる形式合理主義的な自己制御体系の維持・拡大を目指すからである。すなわち、「このシステム規制は、規範や価値からはるかに切り離された社会的交流を制御する」（p.67）がゆえに「生活世界の合理化はシステムの複合性の増大を可能にするが、この複合性はきわめて肥大化するがゆえに、解き放たれたシステム命令が、生活世界の理解力を道具化して、ついにはそれを破壊するにいたるのである」（p.69）。

5　了解と頽落のアンビバレンス

ハーバーマスの「生活世界」概念が、「災害」状況からの出口を示唆するであろうと考えるもう一つの根拠が、その「合意」との関係にある。これもまた彼が、「公共性」という一見政治的に閉じたカテゴリーの中で議論し続けたがゆえに生まれた誤解が災いしている。ハーバーマスはコミュニケーション行為の背景たる「生活世界」の自明性を十分理解しており（p.37）、さらにその上で、「合意」より一回り大きな「了解」という相互行為の帰結をもって、そのありようを説明しようとしている――この点には注目すべきであろう。

了解とは、ハイデガーによれば「世界内存在」である自己の基本様態であり、ひらたく言えば「当たり前」となることだ。『存在と時間』の現代的解釈者であるヒューバート・L・ドレイファスによれば、それは「われわれに最も近いが、最も遠くにある」状態であり、日常言語とそれを成り立たせている条件との距離に支えられた認識主体の位置を示している。しかし厄介なことは、それは普段の（日常の）生活においてはまさにそれが「忘れられている（自明である）ことで、それはともすれば環境に埋没する「頽落」の状態とも背中合わせにある点だ。では、どうやってこの「了解」を自らのもとに置くことできるのか。

ハイデガーはその手掛かりとして、記号の役割があるという（ドレイファス『世界内存在』、p.179）。世界を認識する指示関係は、この記号によって開かれるが、それはもともと「不完全な」主体の状態のときに現れる。すなわちその損なわれた意味の関係を補うものとしての記号の存在は、意識されざるときにはおおむね「上手くいっている＝了解されている」わけで、それが露わになるときはその機能が必要とされ、かつそれが機能しうるときであるという。ハイデガーの「了解」概念の両義性、そして「頽落」にともすればなだれ落ちる契機としてあることを考えると、それは単に主体のあり方の問題というよりも、環境との関係性を示しているといえよう。

ちなみにハイデガーにおいては、頽落は存在において本来的カテゴリーとして、日常生活とともに定義づけられているが、今日ではその理性主義的に誘導されたネガティブイメージは幾分割り引く必要があるだろう。むしろ精緻なハイデガー理解に拘泥するのではなく、その思索成果の援用可能性を検討するならば、「了解」の成立、あるいは「頽落」との間で揺れ動く要件とは何かを考えるべきなのだ。その点ハーバーマスが、「了解」の概念をハイデガーと共有しつつも、その存在論的地位よりもそれを成立させる「生活世界」のイメージをハンス＝ゲオルグ・ガダマーを批判することから得ていることは示唆的である。

ハーバーマスとガダマーの論争は、イデオロギー批判か解釈学かといった党派性に回収すべきものではなく、「了解」が生じる地平について、その機能を明らかにすべく各々の方法を論証しあったものと考えるべきだろう。その結果として、ガダマーが『真理と方法』で考えていた「解釈」の意味論的前提に対し、ハーバーマスはコミュニケーションと行為の連続性に気づき、語用論的環境を「生活世界」として置くことになる。しかし、そのことによって指示関係を担う記号には、言語的振舞いに限定されない「自由度」が想定されねばならなくなる――ハーバーマスが政治的な「問題解決」、すなわち言明の妥当性の要求にむけた「実践的討議」にその後の彼自身の関心を収斂させ、日常性（あるいは頽落）が支配する世界を切り捨ててしまうのは、その「自由度」を背負いきれなくなったからと見ることもできよう。

したがって、その後のルーマンとの論争に際しても、このハーバーマスの「日常世界」の全体性に対するある意味の「諦め」は、若干煮え切らなさを残す。あくまで彼にとって「生活世界」は前反省的・非主題的な「所与」であり、それはマルクスの疎外以前の「類」や、ベンヤミンの複製技術以前の「アウラ」に近い、「直視されざるもの」として置かれた方法概念であった。しかし、そうなるとそこで成立していたという「了解」はどのような「合意」であったのか――弁証法の使い手であるハーバーマスは、現在の否定的な状況を乗り越える手続きとしての「合意」については事細かく想定した。だがそれは、「システムによる植民地」以前のありようを想像し、救出する手掛かりとなるものなのだろうか。

6　晩期資本主義とメディア的世界

現在我々が直面している「災害」が牙をむく対象は、ハーバーマスの警告を真に受けるならば、その「システムが植民地化している生活世界」であるということになる。それはいったいどのような状況なのだろうか。

ハーバーマスは、それをウエーバーの官僚制組織の描写を経由し、このように表現する。

新たな組織が成立すると、システム固有のパースペクティブが形成され、生活世界はその時どきの環境世界の一構成要素とみなされるようになる。組織が自律性を獲得するためには、それが「生活世界の記号（シンボル）的構造とはっきり一線を画し、中性化しなければならない」。このように自律性を獲得した組織は、文化や社会や人格に対し奇妙に無関心になる。（『コミュニケーション的行為の理論』下、p.293）

これを彼は「晩期資本主義における物象化」の問題と見做し、その内実を「文化的貧困と日常意識の断片化」（p.358）として糾弾する。晩期（後期）資本主義とは、組織された、あるいは国家によって規制された資本主義で、グローバリズムを特徴とし、それによって拡大した市場の機能的不備を国家による干渉によって補うものとされる。

ハーバーマスはこうした認識を、ルーマンとの論争を介して獲得するのだが、そもそもその領域を越境してくるシステムを実態的に捉えているために、「問題解決」すべきが、システムそのものにあるのか、あるいはそのシステムの「植民地化」を促す作動にあるのかがやや混乱しているように読める。それに対し元々のルーマンの社会システム論は、あくまで認識論として整えられたものであって、複数のシステムが相互に作用しあい、全体と部分に階層化し、その複雑性に対して「縮減」をもって制御可能性を担保する手続き的カテゴリーに自らをとどめている。つまりハーバーマスは、システムの手から逃れ得る領域があるイメージを持っていたのに対して、ルーマンはそれを含めてシステムとして捉えられるものと相対化する――この点において、論争は最初からかみ合わない部分を有している。

したがって晩期資本主義的状況も、ルーマン的に言えば、社会を構成する各システムの複雑性が上がり、その「縮減」の仕方が変わったものということになろう（『理念の進化』）。その複雑性アップの原因は、いうまでもなく資本の過剰な蓄積とそれに対応した「世界の拡大＝グローバル化」である。そうしたマス社会のメカニズムのギアチェンジとしてこの変化を捉えるならば、我々はその新たな「縮減」の担い手として、超マス化したメディアの動きを考えてみるのは当然の流れではないか。尚、ルーマンはマスメディアシステムも、一つの部分システムとして捉えたが、ハーバーマスの「植民地化」を認めるならば、それはさまざまな他のシステムと構造的カップリングを成しているということができる。

ハーバーマスが晩期資本主義の危機を語った一九七〇年代から一九八〇年代にかけては、メディア自体もそのあり方を大きく変えたタイミングだった。放送局勤務の経験もあったウンベルト・エーコが「偶然性と筋」から「失われた透明性」への見方を変えたように、テレビが社会的コミュニケーションの間に入る媒介者ではなく、その「世界」全体を包み込む存在へと変貌していったこの時代は、メディア圏が「生活世界」を僭称するまでに肥大化し、力を持つようになった一つの転機であったといえる。

その後、一九九〇年代以降のネットの普及で、この「メディア」と「世界」と関係はまた変動するが、いずれにしてもその「手前」で生まれた「新しいテレビ＝ネオ・テレビ」の世界についてエーコが言った「外部参照性の喪失」は、実に重要な指摘であった（『ウンベルト・エーコのテレビ論集成』）。

7　マスメディアの意味生成過程

それは主にテレビの技術的環境の変化の中で起こった。スタジオや編集機能の高度化によって、番組が外部の世界を指し示す透明な媒介であることを止め、生み出された記号はメディアの中に閉じたコンテクストを指し示すようになる。それとともにオーディエンスは、画面に映し出された世界を認識対象として、その中を（ハイデガー的に言えば）配視するようになり、「了解」を支える意味・語用論的状況が与えられていく。

ところで、そうしたネオ・テレビ的な世界は、まさにルーマン的な意味で複数のシステムが輻輳した環境であるといえる。戦後、英米を中心に築かれていた放送の仕組みは、媒体となる電波の工学的マネジメントの必要性を背景に、ナショナルな政治体制と結びつき、「公共性」の実現を旗頭に、そのメッセージ内容が「遍く、偏らず」、「生活世界」を網羅していくようにデザインされた。二四時間の生活時間と首都を中心に同心円状に広がる実空間に併せて組織された各国の公共放送の編成とネットワークは、まさに我々の日常の写像となるべく構築されていったのである。

もちろんテレビに先行する歴史を持つマスメディアである新聞システムにもそれ特有の時空間は組み立てられている。しかし映像——すなわち文字、あるいは狭義の言語という象徴化のプロセスを満足に経由しない手段を軸としたテレビの表現は、リアルな感覚対象に置き換わるものとしての条件を備えていた。既に映画文化は、その可能性を有していたが、映画館という非日常空間に囲われていた体験と、「お茶の間」「リビング」のそれとは決定的に違う。しかも、多様なジャンル（送り手と受け手の約束）が居ながらにして切り替わり、かつその送り手が自らを「放送局」という透明な存在を標榜するかたちは、我々にそのヴァーチャルな「生活世界」の中で生きる自由を与え、いっぽうで実時空間に対して「テレビ的」な化粧を徹底的に施した。

コミュニケーション行為の背景である「生活世界」が、意識されざる、自明な時空間であるのと同様、テレビの世界でも我々は視聴を繰り返す中でいつの間にかその文法に慣れ、そのフレームに従った解釈をするように躾けられる。送り手側も、それを織り込んでプログラムを配置し、メッセージを送り出す——コロナの危機が迫るにつれて、特に意識的にそれは行われるようになった。国内の放送局の動きで言えば、民間放送各局の「ワイドショー」と呼ばれる番組群と、公共放送NHKの「スペシャル」枠（NHKスペシャル、BS1スペシャル）においてそれは顕著であった。トピックを投げ込み、それを「専門家」が解説し、それを話題に「一般人の代表」を演じるコメンテータが疑問とも不満ともつかない言葉をかぶせて「おしゃべり」を回す。そのロールプレイが日々繰り返される——その光景は「コロナ」が身近な話題となり始めた二〇二〇年二月中旬から丸一年以上にわたって、全く変わらず続いている。きまりきったスタジオセッティングと出演者の配置だから、余計にその「日常」は強烈であるが、結論が得られないまま次々視線をスライドさせ、嘆きと同調で締めくくる形式は、明日も同じような時間が繰り返されるメタな安心感を与えてくれる「鉄板」であるがゆえに、皮肉な現実を映し出している。

いっぽうこのような「話題」の進展のなさに飽き足りない「知的」な人々は、NHKに向かう。その中でも最もその「好奇心」を満足させてくれる枠の代表格が「NHKスペシャル」であろう。そこでは、新聞のシステムとも共有している古典的なアジェンダセッティングがなされている。しかしそこに足を踏み入れた人は、その議題から新たに討議を始めるためにモニターに目を合わせるわけではない。そこである種の「権威」によって、知的な作法の指示を受けられることに、安心するのだ。

かくしてテレビは人々を自意識のもとに選別し、分断を生み出す。しかしそれはあくまで無自覚な「了解」の元に行われるのである。

8　重なり合わない危機意識

新聞は、断片としての記事を毎朝、夕に送り出す「時間」のメディアである。ネットで随時記事を上げられるようになって、その制約からは一部解放されたが、逆に「紙面」という統合フレームを失って、いっそうその断片性は際立つようになった。しかしＳＮＳでの引用を入り口にサイトに入ると、ページ下やサイドに表示される参照記事から、その断片間にもコンテクストがあることを知ることはできる。社説や特集記事が、つなぎ役を果たす場合もある。だが、それを読み解いていくためには、それなりのリテラシーが必要である。

テレビには、それが不要である。画面に身を委ねるだけで、カメラワークとインサートされたさまざまなシンボルが視線を誘導し、我々の脳裏には文脈のレールが敷かれていく。多様な番組がタイムテーブルとともに切り替わるこの仕組みは、オーディエンスの存在が、すなわち現代社会における「人間」が複数のシステムにまたがって生きていることを前提としている。一〇〇％の経済人はいないし、一〇〇％特定の文化システムに埋没することもおそらくできない。ただ我々が改まってその輻輳性を認識することは困難である。そのことを知っているテレビは「特番（スペシャル）」という枠を設け、しばしば散在する情報を堰き止め、認識とそれを促すコミュニケーションのトリガーを明示することがある。「ＮＨＫスペシャル」はその「スペシャル」の「常態化」という奇妙なコンセプトを体現するプログラムである。

その名も「大型企画開発センター」が担うこの枠は、テーマとともにあらゆるジャンルの要素を扱う。時間をかけて制作するプロジェクト性の高いものから、今回の「コロナ」のような時事的に危急性の高いものまで――「Nスペ」がコロナを題材とした番組を最初に放送したのは二〇二〇年二月九日。ダイヤモンドプリンセス号の横浜入港の直後だった。この番組では意識してワイドショー的な焦点化と動揺を抑えるべく、都市封鎖が行われた武漢とジュネーブのWHO本部を中継で結び、これまでの感染症流行の経験を参照しながら「解説」「討論」を軸に構成した。インフォデミックの鎮静化を狙う意図もあったのだろう、タイトルに疑問形を用い、政府の専門家委員を中心に据えた同形式の番組が、しばらくは続く。

三月後半、番組はいったん「経済」問題を主題に据える(三月二八日)が、四月上旬以降は緊急事態宣言の発令を受けると、「BS1スペシャル」も含めたNHKの同タイプの枠は感染拡大阻止に主題を転換。現場の切迫状況と、長期化を覚悟するトーンへと話法が切り替わる。五月になると、それまでの「解説」「討論」中心から、映像構成によるルポ/ドキュメンタリーに徐々に形式が変化していく。それとともにスポーツ選手の一人称から、あるいは世界各国の市民から(五月九日、NHKスペシャル/BS1スペシャル)と視線を切り替えていく。また、徐々に減少する新規感染者の報告を受け、「出口戦略」を模索するようになる(五月一〇日、NHKスペシャル)。

そして五月後半、緊急事態宣言の解除を受けると、主題は再び経済問題に。並行して、危惧される自然災害避難との関係、あるいはビッグデータやAI、科学的知見からみた「コロナ」などややテーマが周縁的となるが、六月後半から「第二波」が現実的な問題となり、再び「討論」形式が用いられるようになる。

確かにこれらの番組は、オーディエンスに多角的な視点を提供するように構成されている。しかし本格的にテレビがこの状況にカメラを向けるようになった最初の半年が過ぎても、一向に（番組とともに）我々の状況認識は進展した実感が得られなかった。それはなぜなのだろうか。形式まで固定化し、毎日同じ時間に同じMCが、同じようにぼやきながら会話を回していく「ワイドショー」とは異なり、「スペシャル」系番組はテーマも手法も多様なバリエーションをレパートリーとしながら、やはり「話題」が循環しているように見える——そのサイクルが小さいか大きいかの違いだけで、結局は同じテレビの中の「日常」を再生産していたのではないだろうか。

これらの番組がそう感じさせる理由は、マスメディアと認識主体であるところの我々との関係のどこまで行っても埋まることのない「間接性」にある。テレビや新聞の時空間は、あくまで写像に過ぎない。ネットやアーカイブを介して「出会い直す」ごとに明らかになるその軸足の揺らぎは、「事態」の像を重ね合わせるどころか、むしろより散らす遠心分離機として働いているように見える。「ことがら」の位置関係の相対化は、各々のアジェンダへの関心に応じて「了解」を引き裂き、我々オーディエンスを情報の海の中に放置する作用を生み出していたのだ。

ジャック・デリダがかつてテレビに見出した「人為時事性（l'artefactualité）」のコンセプトに従えば、今日それはネットの力を借りて、ポストモダンの離散性を現実のものにしたというわけである（『テレビのエコーグラフィー』）。

9　感染と認識の共時性

二〇二〇年の四～五月、朝日新聞（asahi.com）の記事クリッピングを続けて気が付いた「新型コロナウイルス感染症の影響で」という枕詞の頻出、そして「緊急事態宣言後」の沈静化について、少し掘り下げておきたい。この時期は、確かに発表される感染者数の増減もさることながら、封じ込めを狙った「八割の行動抑制目標」に従う自粛がいきわたり、あらゆる社会活動が「新型コロナウイルス感染症の影響」下に置かれて問題化した。それにしてもこの定型文の氾濫が、奇妙なムードを形成したことは事実だ。

「コロナ」の流行を抑えるために採った施策のおかげで、メディアには「コロナ」が溢れるようになった。それは感染症流行という「災害」が、社会全体を覆う規模に拡大したことを示していた。先に挙げた記事の六つの層――「感染状況」「ウイルスと感染症そのものについて」「コロナが与えた社会的影響」「その対策」「対策の不備によって浮かび上がる社会の歪」「それを伝えるメディアのメタ言説」は、事実、時系列で上位から下位に浸透するかのように広がっていったが、それは我々の社会の主機能たるコミュニケーションそのものが、感染の媒介として働いている証であったのだ。

そしてこのコミュニケーション、すなわち人々の関係性を生産する運動と感染の因果性を、我々を取り巻くシステムは必至で隠蔽しようとし続けた。「犬とくつろぐ動画」「アベノマスク」「一〇万円の特別給付金」「Ｇｏ Ｔｏ トラベル」といった次々投じられる炎上案件は、まるで意図したかのように政治に関する嫌悪感を醸成したが、それが議論のアジェンダになるような環境自体を破棄

（国会召集要請の無視、あるいはメディアに姿を現さないように）することで、解釈そのもののプロセスを無効化した。その結果、市民感情の中に広がった諦めは、皮肉にも一定のレベルで感染者が産出されつづける状態の定着を促したのである。

なんとこれこそが、「ウィズコロナ」「コロナとの共生」の実体だったのである。先送りされた「アフターコロナ」は、部分システム間の関係の分断をもって、あるいは全体システムの機構を保持するというアクロバットをもって取って換えられたのだ。そう考えればこの初期の半年で表面化した、さまざまなもどかしさを集積させるトラウマティックなストリー展開は、晩期資本主義における「資本」そのものの延命と、スピード感こそ違え、相似形を成していることを印象づけていったのである。

それは市場への政治の介入という見かけに包まれた、政治システムの無力化を告白している。二〇二〇年五月以降、「経済を回さなければならない」というスローガンが、場当たり的な給付を超える抜本的な対策を一切講じることなく「経済再生担当大臣」の口から発せられ、メディアから市中に広がったのはその象徴である。この経緯を振り返るに、既に「経済システム」も、かつてのそれとは異質なものに変化していることがわかるであろう。株価と為替の上下、ＧＤＰ、経済成長率、日銀短観などいくつかの指標によって代表される数値は、もはや我々の「生活」とは一切接点を持たない——その数値さえも、無意味であったことが「コロナ」状況下に発表されたとは、なんたる皮肉であろうか。

つまりこれが「例外状態の常態化」の姿なのである——それは既に起こっており、それを「コロナ」は白日のもとに晒したにすぎない。我々のコミュニケーション行為のプロセスからの意味の放逐。しかしこれに対して、ナンシーがアガンベン批判の結論として呟いた「人間が人間を無限に乗り越える」状況とは何なのだろうか——現状はシステムの交錯地点としてのメディアが、意味の重ね合わせができず、バラバラの断片としてメッセージを放り出している。その様子は、まるでエアロゾル化した飛沫が、密な空間にばら撒かれている空間を可視化させたCG映像を彷彿とさせている。我々はただそれを傍観するか、必死でそれを体内に取り入れることを拒んでいる。果たしてそれしかできないのだろうか。

第三節　エコロジカルな民主主義

1　大澤真幸「コロナ論」の着地点

「越える」と言えば、大澤真幸の「コロナ論」「不可能なことだけが危機をこえる」が描いていたのは、まさにこの「意味が放逐」され、議論すべき主題が重なり合わないまま宙に浮いた「いま」の状況であった。彼が指摘した「連帯・人新世・倫理・神的暴力」の四つの次元のパラドックスは、よく見るとasahi.comのサイト上に散らばった六つのカテゴリーの最初と最後（「感染状況」「メディア言説」）を除いた四つに対応していることがわかる。「人新世」の問題はウイルスそのものの認識の不可能性であり、直接的な影響はグローバルな連帯の課題を、その対策は本来神的暴力たるべき政治機能、根深い社会の歪はメンタルと倫理の枠組み自体を揺さぶっている。

ところがその各々の関係は奇妙だ。これらの問題は各々のパラドックスゆえに出口が見いだされないのであるが、実はパラドックスという点において相互に重なり合っているのである。すなわちパラドックス自体が「共通項」を成しているのだ。それに対し大澤は、民主主義を手掛かりに、脱出を志向する「合意形成」を目指す――その点においては、ハーバーマス的なスタンスをとっているといえよう。しかしここで彼は直接民主主義でも、間接民主主義でもない「第三の道」を提案する。それが「モニタリング民主主義」である。ネットテクノロジーの広がりで可能になった新しい他者との距離の取り方。しかしそれが拓く可能性について彼はあまり詳しく説明していない。

大澤はこの第三の民主主義へのイメージを、ジョン・キーン『デモクラシーの生と死』から引いている。確かに、キーンや、アナーキズム思想に基づくデヴィッド・グレーバーなどが、これまで我々が民主主義の論理そのものを「神話化」してきたことに対して異論を唱えるようになって、少し見通しが変わってきた様子がある。つまりハーバーマスらが称揚してきた（と言われる）理性主義的コミュニケーションは、「了解」や「合意」の間口をどんどん狭めていく傾向を持つが、実はそのことによって、その議論からふるい落とされる人々をたくさん生み出していたことに、人々は気づきはじめたのだ。

当たり前のことだが、熟議を積み重ねて論理的整合性を高め、結論を求めるプロセスは、ハードだ。昨今のリベラル系言説の嫌われようは、まさにその鏡であり、まるで投票行為こそが民主主義であるかのような単純化、さらには「選挙に行こう」の煽りは、アテンション・エコノミーの申し子のような奇天烈な候補者を量産し、選挙自体のゲーム化を印象づけてしまった。図らずも大勝を手にした自称保守政党の議員たちも、古典的な対抗勢力の候補者たちも、気づいていないが、実は「対立軸が変わってしまった」のである――モニタリング民主主義（その一例として、ハッシュタグアクティビズムが注目を集めているが）の広がりは、その変化の本質が眼差しの「集 - 立（Gestell）」にあることを暴露していると言えよう。

例えば「コロナ」が明るみに出してしまったこと――グローバル資本主義と国家を超えた連帯との矛盾や、同胞を助けたいと考える倫理観の基盤とメンタルな平穏との齟齬――などの原因は、近代社会が我々に刷り込んできた「眼差しの使い方」の問題に求めることができる。我々が社会「全体」を見通せると思いあがってしまった歴史的プロセスを振り返るならば、そしてその「全体」の実現（全体主義という意味ではなく）のために、相対的に「部分」の位置に格下げになった自分に直結した利害を「調停」しなくてはいけないという呪縛を認めるならば、その限界性は明らかであろう。

第一、第二の民主主義も、そうした「社会」全体を構想する俯瞰の視座と、そこを頂点に自明化した視覚のヒエラルキーを前提とし、またその再生産に寄与してきた。「モニタリング民主主義」の眼差しは、その基盤を覆すものといえる。しかしそれは、このネーミングのソースであるキーンに戻るならば、その広がりを単純に「地上の楽園に導いてくれるもの」（上巻、p.27）とポジティブに受け入れるわけにはいかなさそうである。

2　映像と地図　パラドックスの原理

リモートでコミュニケーションを行うようになって気づいたのは、ZOOMやTEAMSなどのいわゆる「オンライン会議システム」の異様なまでのフラットさである。モニター上に参加している人々が等距離で奥行きなくずらっと並び、タイミングを図りながら言葉を発する感覚は、現実の時空間では経験したことがなかったものだった。もちろん参加者に均等に目配りできるという意味では「民主的」だが、プライバシーのリスクは高まったともいえる。なによりずっとモニターを意識し続けなければならないのは結構ストレスで、それが理由でアクセスの場から足が遠のいてしまう人々も増えた。

生身の人間が持つ器官以外による視覚体験は、これまでの百年間「映像」が生み出した文法に従って経験されてきた。リュミエール兄弟、メリエスら初期映画の開拓者たちが発見した「映像のアトラクション／ディストラクション」は、カメラと被写体との距離と編集によって、眼差しを誘導するという操作された感覚を我々の身体に沁み込ませた。グリフィスやエイゼンシュタインによる創意は、物語や感情描写という、それまで文学が担ってきたものを、テクノロジーの基盤の上に移し替えるプロセスを成功させるに至った。

その中でも特に重要な意味を持つに至ったのが「俯瞰」「ロングショット」である。被写体をその個別の存在を掻き消してしまうほどの距離の中に置き、「全体」なるものを表象する技法は、欲望レベルでこの「映像」という時空間に人々を巻き込む力を得た。一九五〇年代になり、テレビがこの視覚を家庭の中に持ち込むと、一気に我々の「世界」は広がりを獲得するようになった。そして衛星放送がテロリズムの瞬間を報じ、人類が月に立ち、狭い島国が「万国」の進歩と調和を謳うようになると、一〇歳の少年ですら「世界を守る」パースペクティブを獲得した気分になれた。

こうした「俯瞰」の眼差しは、個別事象に言及する際に、その位置をグリッドに分節する手続きを介して言うように一人ひとりにしむけた。ポスト大戦期のナショナリズムは、数多くの旧植民地の独立とともに「世界地図に線を引いていく感覚」で、全体に帰属する部分を定義していったのである。こうした俯瞰の視座の優位性、すなわち視覚のヒエラルキーは、全体（俯瞰）と分節（境界）を認識するモードとして機能するようになった。

実はそれが、大澤がカテゴライズした四つの次元の矛盾（パラドックス）の原因となっているのである。そもそもパラドックスは往々にして視点のずれから生じる。一般に統語論的問題とされている「クレタ人はうそつきだ」の自己言及性についても、実は内容とその発話者の属性のずれによるもので、その存在を見通すメタな視点がかえって災いする例といえる。「〇〇を考えるな」「愛しているといいながら顔を歪める」といった矛盾も、外に表れた行為と内面心理のずれで、よく考えればさほど複雑なものではない。大澤が最初に挙げた「連帯」を巡る矛盾も、そうした次元の違いを捨象することから生じる。

その捨象は往々にして全体像を先取りすることから起こる。「全体」を容易に獲得できるものと考える習慣は、「映像」経験が与えたものだ。「映像」以前には「地図」がその役割を担ってきた。精緻な地図の誕生が近代国家の成立に関わりを持つように、映像における俯瞰の欲望は二〇世紀の覇権主義の内面化を促したのだ。しかも映像文法は秒単位で切り替わるショットによって構成されるモンタージュ（視点の組立て）をその本質とする。その瞬間的に生じる記号過程は、当然ながら解釈者ごとの意味の捩れをそのままに、「先へ、先へ」と進む。それがパラドックスの契機となる。

同じような現象は、SNSのタイムラインでも実感される。急いで画面をスクロールさせると記号と対象は思わぬ結びつきを得て、無限の記号過程の中で意味を拗らせていく。しかしゆっくりと時間をとって、書かれたものごとの「図と地」を見極めれば、そのリスクはかなり回避することができる——要は、記号を剥き出しの断片のまま放りだし、意味の共有を助ける時空間が見えなくなると、それは起こってしまうのだ。

3　解釈主体のイニシアチブ

どうも「SARS-CoV-2」と名づけられたこの「新型」のコロナウイルスの振舞いに関わるさまざまな齟齬も、似たような意味環境下にあるように思える。そもそもウイルスは単独では生命活動を成さない「断片」に過ぎない。我々人間は、自らの細胞への感受を「感染」といい、その宿主個体レベルの増大を「流行」と称すが、それはウイルスにとってみればあずかり知らぬ「俯瞰」で捉えた現象で、生じている言葉は、細胞に侵入し自ら（ＲＮＡ構造体）を複製する――その際に細胞の通常の機能を損なわせ、破裂し、何らかの移動体に付着して他の細胞へ向かうことだけである。

興味深いのは、そのウイルスの細胞への侵入の方法である。コロナウイルスはそのギザギザの見てくれ（エンベロープの突起）から、刀のように細胞膜を切り開くようなイメージを持ってしまうが、自ら意志を持って動くことはあり得ないので、膜とエンベロープの融合による浸透の場合、物理現象によって中身だけ入り込むことになる。すなわち、そこに「意味」はない。しかしウイルスの侵入にはもう一つの方法がある。エンドサイトーシス（飲食作用）と言って、さまざまな細胞外分子や細胞膜タンパク質などを細胞内に取り込む「行為」を介するものである。すなわちこの場合は、細胞側に移動のイニシアチブがあるといえる。

細胞には生命現象を担うものとしての自己組織性があるとするならば、エンドサイトーシスの任意性は一種の解釈（選別行為）を媒介とした記号現象と見做すことができる。するとウイルス感染を抑えるには、物理的に相互浸透が起こる確率を下げるための環境を整える方法と、細胞の解釈を抑える意味論的な制約を講じる道と、二つあるということになる。それが細胞レベルではなく、人間という宿主の個体レベルで見たときは、「三密」「ソーシャル・ディスタンス」という感染の物理条件の排除か、免疫機能の向上や基礎疾患への配慮も含む状況に依存した生体反応のレベルの判断が求められる、という訳だ。

こうして見ていくと、この災禍への向き合いにおいて、「自粛」や「〇〇宣言」といった言葉がいかに乱暴なボキャブラリーであるかがわかる。ウイルスを「断片」的な記号素と見做すことによって、またその振舞いは、最もミクロである次元から積み上げていくことによって、それらはやっと理解可能な対象となるのだ。すなわちウイルスと我々の文化的現象は単なるメタフォリックな関係にあるのではなく、階層的にパースペクティブによって結びついたつながり（連続性）の中に生じていることがらなのである――こう考えることで、生命記号論やミーム論を、いわゆる「レトリック批判」から救い出すことができる。

それがなぜ見えなくなってしまうのか。問題の元凶は、「俯瞰」の位置から見下ろすトップダウンの意味の組み立てにある。部分を全体の下位（支配下）カテゴリーと見做す垂直的思考は、そのスタートの位置（「全体」性の先取り）のポジションから、解像度を上げていくことを「潔し」としない。「見えていること（視界に収まっていること）」イコール「所有」の論理は、まさに資本のメカニズムと同期し、システムの外枠を与えていくことに満足し、また拘泥（こうでい）するのだ。いささか割り切りすぎかもしれないが、「コロナ」問題に関わるさまざまな言説の矛盾は、こうしたパースペクティブそのものに備わった病理が表れたものにすぎないと考えることができる。

4　妥協と包摂の民主主義

さて、論点を社会的な「了解」の次元に戻そう。大澤真幸が期待した「モニタリング民主主義」

は、第一、第二の民主主義と異なり確かにフラットな眼差しをもたらしてくれているが、それはそれ以上、対象との距離を詰めることをしない（深入りしない）、自らを危険に晒さない（安全なところに居続けることができると信じる）「歪んだ権威意識」ともある意味相性が良い。メディアスクラムやSNSで頻発するヘイトや炎上などの攻撃的発話行為は、そのポジションが得られる感覚によって支えられている。

テクノロジーに支えられたモニタリングは、まだ我々の民主主義に起こった変化の一面しか捉えていない。それは垂直的な眼差しが支配してきた過去の社会に対する、アンチテーゼとして、認識に広がりがもたらされたというだけである。残念ながらキーンはそれをコミュニケーション行為の「実践」の次元で十分検討してはいない。大澤はさらにそれを「神的暴力（ベンヤミン）」の垂直的思考に回帰させているようにも見える（多分、ハッシュタグアクティビズムのことが念頭にあったのだろう）。その点で言えば、キーンと同様に、デモクラシーの歴史（西欧起源論）に疑いの目を向けつつも、文化人類学的方法を持って批判にアプローチしているグレーバーの方が、はるかに建設的な提言を行っているように見える。

「実践としての民主主義が発生するのは――それを平等志向の意志決定手続きとして定義するのであれ、公共の議論における統治として定義するのであれ――、おおむね、何らかのコミュニティが、国家の視野の外でどうにかやっていこうと努力する時のことだ」（『民主主義の非西洋起源について』、p.87）――グレーバーは、さまざまな非西洋地域における民主主義的意志決定の事例に見られる「あいだの空間（spaces in between）」の存在に注目する。すなわち複数の民族的混成体の水平的な相互干渉の営みの中で、文字通り「どうにかやっていこう」と落としどころを探る「民主主義的即興」は、「あいだ」イコール隔たりを前提として成立するというのだ。

これは部分と全体に関する素朴な理解を超えたところにある、極めて「現実的」なアイデアであるといえよう。これによく似た考え方を、（ハーバーマスが敵視した）社会システム論にも見ることができる。部分システムは、いくら集まっても互いのカップリングを創発させるだけで、部分の合成がイコール全体を成すという発想はない。ルーマンによれば、「全体」は統治の概念ではなく、あくまで観察によって接近すべき仮置きの概念なのである――この点はキーンのモニタリング民主主義の理解に近い。しかしルーマン自身は、「全体システム」の捕捉を――例え、部分間、あるいはシステムと環境の境界に生じる差異とその自己言及性に注目するという禁欲を介したものとはいえ（『理念の進化』）、諦めてはいなかった。それがトップダウンを求める欲望にどのように響くかは、また別問題ではあるが。

ともあれ、グレーバーの提案は（ハイデガー自身も明確に定義していなかった）「了解」のメカニズムについて、手掛かりを与えるものといえよう。彼が言う「どうにかやっていこう」とは何か――それは「妥協」である。異なるコミュニティがそれぞれに与えていた意味を、互いに許容しあうという行為は、その意味連関を成り立たせていた記号過程の「付け替え」を介して起こり得る。それはミクロな論点（差異）への焦点化よりも、その差異を生じせしめている具体的な対象への指し示しを入れ替えることを契機とし、それでも大枠での「了解」が変わらないこと（妥当であることː ハーバーマス）の相互承認をもって再び成立する。グレーバーがそれを「あいだ（Between）」の「空間（Space）」で生じるというのは、その「指し示し」行為が、そこで担保されることを言っているのである。

そうなると「矛盾（パラドックス）」はその認識範囲を設定するトリガーとなりうるということになる。と同時にそれは、我々が生きられる時空間を広げるきっかけとなり、線を引くことで排除を生み出すのではなく、包摂の輪を広げるチャンスともなりうる。

5　メディアと時空間の撹乱

逆にマスメディアは、グレーバーが言うところの「あいだの空間」を見えにくくするシステムであるといえよう。ハーバーマスが、マスメディアが普及した後期資本主義社会の問題を、「正統化」のプロセスに見たのはその証であり、それはすなわちそこに投げ込まれた記号素の振舞いを、伝統的な規範によって制御するのが困難になった状況として映し出される。マスメディアにはもちろん第二次大戦後に新たな規範が据えられたが、それは「あいだ」ではなく「全体」をオーディエンスのイメージに委ねるかたちを採用し、「公共性」の名のもとに仮置きしてきたものだ。それを下支えしてきたのが二四時間の実時間編成と首都を中心に同心円に広がるナショナルな空間構成（ネットワーク）である。

奇しくもそれは、戦後復興の名のもとに旗が振られたマーケットのフレームと同期していた。国家の市場への介入は、恣意的に行われたというよりは、こうした枠組みが流れを促したものであり、その中で進んだ形式合理主義の浸透は、ある種の倫理を肩代わりしたものとして「生活」に定着していった。しかしここには矛盾を調停する、あるいはその中の成員による「妥協点」を模索するプロセスを見ることはできず、経済システムによって政治システムが飲み込まれ、まるでエンドサイトーシスのように片方の輪郭が消失することによる「空間認識」の変質のみが現前している——これは「構造的カップリング」には当たらない。

ルーマンはマスメディアの作動を支える二値コードを「人気／不人気」であると見做した（『自己言及性について』）。この「人気＝耳目を集める」原理が、そこで意味が育まれる前提をなしつつも、それよりも数的優位を競い合う力（視聴率主義）に引きつけられていった現実は、まさしく経済システムのエンドサイトーシスといえよう。問題はそこに投げ込まれたものは何かという点である。それは「耳目」、我々のモニターに向けられた眼差しである。そして、接続されるものとの関係でいかようにも意味をなしうる、ウイルス同様の裸の記号素に過ぎない「数え上げられた目玉」（オーディエンス・メジャーメント）の奪い合いが、この「仮置きの公共空間」の主たる行動原理になってしまったのだ。

マスメディアがとりわけ「コロナ」で右往左往を続けたのは、対象の直接的な不可視性と、それに伴う「可視化されたときのその意味の文脈依存性」によって、すなわち「コロナの影響」を被る分野（＝部分システム）の多様性の中で、「人気／不人気」の判断を躊躇（実質上停止）してしまったからといえよう。毎回同じ話題のたらいまわしを続ける「ワイドショー」はまだしも、情報を堰き止め「知的」なスタンスで情報を集約し、専門家による指針を示すことを目的とした「スペシャル」枠も、事態の長期化によって、討論形式においては十分な時間が得られず中途半端な幕切れに終わるシーンをしばしば目にすることになった。

それは結局、グレーバー的に言う「あいだの空間」が議論の手がかりとなることを逆説的に示す効果を生んでいる。NHKが自らを公共放送然と標榜するために唱える「みなさまのNHK」という呪文は、所詮「みなさま」という「全体」（あるいは個がすぐに全体に接近しうると思い込む）設定のフィクション性を暴露する役割しか果たさない。「みなさま」などいない。我々は「コロナ」などで奪われたくない「いのち」に怯える、あるいはその怯えを忘れることで（正常性バイアスに身を委ねることで）、RPG（ロール・プレーイング・ゲーム）のように「日常生活」を続けたい、わがままで脆弱な「一人ひとり」の記号素なのである。

6 「いのち」と「生きられること」の関係

しかし、この状況は我々に確実に手掛かりのありかを教えてくれる。ハイデガーも「記号は指示関係が不完全な状態において表れる」と言っているわけだから、この居心地の悪さを、「あいだの空間」の不在を表している徴候として考えてみるのも悪くない。

厄介なことは、我々の現在のこの不安定な状態の根源に「いのち」の問題があるという点だ。しかもこの「いのち」の認識の仕方自体も近代以降の産物であるという知識は、フーコー以降（『臨床医学の誕生』）、ある程度我々は共有している。それは「まなざし」と「死」という対象と「ことば」と「空間」の関係の中に成り立つ。一九世紀以降の医師たちは「何世紀もの間、見えるもの、言い表しうるものの限界の下にとどまっていたものを…描き出した」(p.5)。しかし、それは我々の「生」、あるいは「疾病」を認識対象とする特権的な地位（医師）の存在とその知を構成するシステムとともに表れたもので、そこで認識され、表現されたものの集積が我々の「いのち」と単純にイコールの関係で結ばれるとは言い切れない。

「いのち」という言葉は生物学的な意味での「生命現象」に還元できない。そこに含意される文化的解釈は、さらに「生きる」という動詞によって拡張される。その輪郭の曖昧さこそが、それを数値で捉える冷酷さに抵抗したくなる素朴な動機を支えており、またそだからこそ反対に、それが我々の「了解」の最底辺にあるがゆえの、さまざまなシステム間の通約し難さとなっている。「コロナ」に向き合うときの、医療と経済の対立も、その現代社会における「いのち」を支える要素の複雑さを表している。しかし「いのち」そのものを的確に言い当てることはできなくとも、それが維持されえた状態を出発点に、その充実を志向することによって「生活」の全体像を探ることはできるかもしれない。すなわち「生きる」ことを支える環境が「生活」の基礎を成すのである。その前提に立てば――ハーバーマスは「生活世界」を消極的に措定したが――本来は、もっと豊かなものとして描くべきだったはずだ。誰かそれを考えた人はいなかったのだろうか――二〇世紀の哲学の大きな流れの変化は、それをどのように扱ってきたのだろうか。

フェルディナンド・フェルマンは、前世紀初頭の「観念論的転回」と一九八〇年代の「生活世界への転回」という二つの潮目を指して、「生の哲学」から『生きられる（gelebte）哲学』への思考の立ち位置の変化を問題にする。「生きられる」――すなわちここで示された受動性の前景化は、「いのち」を主体の自己理解に閉じたものでなく、現実の実践論的問題系の中に放り出す。ゆえにそこからフッサールの現象学的な対象との関係性や、ハーバーマスのコミュニケーション行為の理論が開かれたわけだが、しかしまだ彼らは、理性批判やある種の合理性の範疇に拘（こだわ）って、その「られる」状況の一部しか捉えることができなかった。

しかしフェルマンは、ハーバーマスの後年放棄される「関心」の概念（『認識と関心』）を手掛かりに、彼の消極的に措定した「生活世界」から、「生きられる」状況への概念の拡張を試みる。そこでフェルマンは一つ思い切った飛躍を試みる。「生きられる概念の現実性は、生きられる概念の内容が思想であるであるという以上にむしろ気分であるという点にはっきり現れている。そのかぎりで、生きられる概念には或る時代の生活感情が表現されているのだ」(p.13)――ここに示された「気分」、その心理の「流動的な凝集」性は「関心」を「好奇心」の次元に引き上げる。そしてそのことによって（ナンシーが指摘したように）「絶えず、人間性の限界を超えるという危険を冒す」(p.29)。

好奇心は、常に自らの外部を指し示すエロス的な心の動きである。そしてそれは具体的な環境世界への配視をともなう。そしてその関係性を積極的に描くことに挑戦したのが、アルフレート・シュッツである。

7 「生活」と時空間の連続性

シュッツの関心は、個人的な世界に関する認識が、どのようにして社会的な認識に媒介されるか――この一点に集約される。そこにいたる論理展開は実に興味深い。世界を有意味にする意識の積み上げは「経験」に支えられるが、それはベルクソンの内的持続（durée）ないしはフッサールの過去把持、未来予持などの概念によって説明される「時間の流れ」の中に生まれる。さらにこうした「経験」は他者とともにある「間主観的空間」（われわれ関係）を媒介にして積み重ねられる。こうした多層的な時間‐空間によってわれわれの現実は構成されているのであり、そうした社会的認識の構成は、コミュニケーション行為によって基礎づけられるのである。

この「生きられる」時空間の接続イメージは、一九三二年に著した主著『社会的世界の意味構成』よりも、むしろ、アメリカ亡命後の論文（死後にヘルムート・ワグナーの手によってアンソロジーとしてまとめられた、『現象学的社会学』）において顕著に表れている。そこでは、主観―客観を媒介する「理論」よりも、その関係性が現実に築かれる「場」たる〝日常世界〟、その構成を描く仕事が徐々に前景化していくのだ。彼は、間主観性の端緒を、「他者との空間の共有」に見出し、そこから生まれる「ともに年を経る」(時間共有)関係(p.178)が、時間の継続性を支えとして徐々に「同時代性」へと抽象化(=匿名化)していくのだと考えた。このようにして後年のシュッツは、社会的現実を形作るものとしての間接的関係の成立を説明する。まさにこの間接的関係の成立の場こそが「日常の生活世界」なのである。

ここに我々は「了解」の無意識性の説明を読むことができる。その自明性、あるいは忘却は、フッサールが言う「生」の「原状回復」の志向とも相俟って、指し示される空間が記憶を肩代わりすることとその維持によって担保されるのである。シュッツはこの点についても異なる主体間の相互的な認識の成立(インターサブジェクティビティ)、あるいはレリバンス(妥当性・有意性)のレベルを類型化し、その連続性によるメカニズムを具体的に記述しようと試みている。これはある意味、近年グレーバーによって提起された「あいだの空間」の機能に対する読みに、既に半世紀手前の段階で、迫っていたものということができよう。

すなわち広義の積極的な「生活世界」の措定は、シュッツに従えば、それらの関係性を記述することによって、「意識的」な獲得も可能にもなる――この点に大澤が提起した「不可能を超える」アプローチの可能性が見えてくる。しかし残念ながら一九五九年に亡くなったシュッツに、手掛かりを求めうるのはここまでである。また、シュッツがもう少し長く生きて、仮にこの先に考察を進めたとしても、彼の関心には、こうして「了解」された日常生活的知識が、社会的にどのように蓄積されうるかの問いを、再び理性的な主体による解釈(啓蒙)の地平に回帰させる傾向が見え隠れしており、「生活」の自明性に踏みとどまってしまう点においては、あまり多くは望めなかった可能性はある。

8 ボルノウの安定した世界

そこで光を当ててみてみたいのが、オットー・フリードリヒ・ボルノウの仕事である。ほぼシュッツと同じ世代でありながら、九〇歳近くまで長生きをしたボルノウは、やはりフッサール、ハイデガーらの現象学的構想を出発点としながら、多彩な仕事を残した。その著作は、教育学と存在論的な概念検討を行ったものとに大きく分かれるように見えるが、いずれも実存主義に対する再検討の結果として展開されたものといえ、我々のテーマである「生活≒生きられる」概念の積極的規定と深い関係を持つ。

まず先に挙げたフェルマンの指摘:「生きられる概念の現実性」の核をなす「気分」の問題こそが、ボルノウの広範な思索領域の中継点となっている点に注目したい(一九四一年に表した『気分の本質』)。ここでは「気分において与えられる人間の情緒と周囲の世界との統一」(p.26)がいかに与えられるかが、主たる問題関心として掲げられている。この人間の内外を取り結ぶものが、「気分」といった不定形で言語化されにくい状態で存在し、にも関わらず世界の解釈を支える「心の基盤」であると位置づけた点に、後のガダマーとハーバーマスの「生活世界」の論争における「了解」の地平の先取を見て取ることができよう。しかしボルノウはその「気分」を、言語化できないままで放り出さず、またシュッツのように理性に回収させることもなく、逆に我々人間を取り巻く「世界」側の編成の問題として設定しなおすのである。

そのシフトチェンジはどのように行われたのか? 鍵は、「気分」を検討する際に、その出発点に「不安」という状態をまず論じていることにあろう。それは「恐怖」と異なり、「対象的に無規定である」(p.22)。ゆえにこの方向づけの乏しい情緒は、(逆説的ではあるが)外的世界との根源的統一を求める(この点は、フッサールの「原状回復」志向とも重なる)。そしてボルノウの慧眼は、そこで敢えて内省に入り込まず、この「言語化されない状態」に踏み止まるために、その統一を支えるために外界が有すべき条件とは何かを探る方向に歩を進めるのである——その成果が一九六三年の『人間と空間』に結実する。

この著作は「生きられる」という概念の受動性から「生」を捉え直す、フェルマンの問題意識と同じところから出発する(その点で言えば、フェルマンが全くボルノウに言及していないのは不思議であるが)。だがボルノウの独自性は、その「生きられる」をさらに具体的に体験の水準に落とし、時間、空間を構制する要因の探求に向かう点にある。そこにはミンコフスキーやバシュラールの影響もあるのだろうが、彼らの俯瞰的なパースペクティブに抗し、ミクロに人間とのインターフェイスの問題(「人間の先験的構えに関する問い」p.21)に照準する——「空間は人間から独立して単純にそこにあるのではない(中略)。人間が空間的な、すなわち、空間を形成してそれをいわば自分のまわりに張りひろげている存在であるという限りにおいてのみ、空間が存在しているのである」。

『人間と空間』の詳細な分析はやがて存在の安定（昨日と同じように明日を生きたい）をもたらす二つの原基的ファクターに収斂していく——それが「世界の中心として」(p.119) 気分をやすらげる「家屋」と、その拠点間（他人の住居との）の隔たり（p.184）を取り結ぶものとしての「道」である。この二要素によって描かれる「世界」は、まさに俯瞰を排した、人の目の高さからの認識＝実践の場であり、ボルノウはそのロジックをレヴィンあるいはサルトルがとりあげた「ホドロジー的空間」概念を用いて、ハイデガーの配視あるいは現存在のイメージを重ねつつ「生きられる＝体験される＝行動空間」(p.200) として説明する。

ここにこそ、「コロナ」によっていったい我々の何が蝕まれているかを読み解く方法の鍵があるのではないだろうか。「Stay Home」を強いられ、他者との隔たりを確認する「道」を辿ること自体を抑制された我々の「生活」は、我々の「生きられる体験」を封じ込めるものなのである。例えば、感染症で亡くなった人に対する弔いが全くできないといった、生物的に「生きる」ことと人間的に「生きられる」ことの対立の可視化という事態に、我々はどのように向き合うべきか——その指針のないまま、時間が止まったような状態がずっと続いている。「新しい生活様式」の問題の手掛かりは、まずはこの空間に対する認識方法の獲得にある。

9　マルクス・ガブリエルの挑発

ボルノウは日本では一時一九七〇～八〇年代に注目されたが、その後は残念ながら、「忘れられた哲学者」としての扱いに甘んじることになる。それはその思想の内容の問題というよりも、人間学的教育論あるいは実存主義それ自体が晒されることになった「オワコン」感の巻き添えを食った可能性は否めない。

その空間論における「家屋」と「道」への注目は、イーフー・トゥアンやオギュスタン・ベルクらの地理学の拡張の試みと重なる部分も多く、また後年『時へのかかわり』（一九七二）で展開された時間論は、ユートピア論やギー・ドゥヴォールのスペクタクル社会論などとの関係で再検討がなされても不思議ではない（本書でも、後に言及する）。いずれにしてもそのアプローチは、「全体」と「個別」の二分法に回収されることなく、ミクロな視座からの意味の獲得とその拡張を目指し、また理論的分析に止まらず読者の創造性に期待する啓発的トーンを有している点においても、その仕事の再評価は期待されるべきものだ。

逆に、少し引いた目で振り返るならば、ボルノウを含む何人かの思想家を忘却させた前世紀終盤のポストモダン・ブームは、それ自体が、その先に我々がはまり込む「袋小路」を先導していたようにも思える。フーコー、デリダ、ドゥルーズらによる「近代」に対する批判の目は、そのアプローチ自体は鋭く適切であったにしても、受け取る言論市場の側が、思弁に回収し、まさに彼らが意図したものとは正反対の方向、すなわち記号論的断片として消費する素材として「弄んで」しまったのではないかという後悔の思いが私にはある。

新しい世紀に入って二〇年。哲学の世界はそうした流れとは一線を画す「ニューウェーブ」たちによって少しずつ活気を取り戻しつつある。この動向を牽引するのがカンタン・メイヤスー、グレアム・ハーマン、マルクス・ガブリエルといった若い論者たちである。彼らに共通するのは、人間存在の相対化というべき態度である。メイヤスーの「相関主義批判」、ハーマンの「オブジェクト指向存在論」、ガブリエルの「新実在論」のいずれもが、エコロジカルな時代の空気を吸う読者の心に響いている点は、考えてみるべきポイントだろう。

しかしそれらが文字通り「新しい」ものではないことは、例えばメイヤスーが『有限性の後で』で展開している議論が、ナンシーも引いたパスカルの「無限性」のテーゼと呼応していることなどを見れば明らかである。しかし過去のさまざまなそれに類する主張と異なる点は、それが単なるアフォリズムの域を超え出ていることにある。それは言うまでもなく、マスメディアの覇権の終焉とデジタルネットワーク環境やＡＩなどの情報技術の一般化が、その議論にリアリティを与える所以となっているからだ。

例えばメイヤスーが「減算と縮約」（『亡霊のジレンマ』所収）で提示した、「二つの死」のタイプは示唆的である。彼は、第一の「漸進的な縮小の死」、いわゆる我々がこれまで「死」として認識している物質的事態に対し、第二の「消散」の死、すなわち外部へ拡散し、形を無くす死の認識があるという提案は、我々の死生観に決定的な転換を迫るものである。これが受け入れられる素地は、例えばネットワークゲーム上のアバターや、SNS上にいつまでも残る故人のアカウントなどが創り出している。しかもそれは決して新しい問いではない。戦禍や災害の記憶の伝承や、そもそも「書かれたもの」として言説が重ねられていくこと、さらにはミーム論などの根拠としても十分な説明力を持ちうる。

ガブリエルの「世界は存在しない」というアジテーションも、こうした文脈で理解する必要がある。この主張をもって彼は明確に、「全体像」の先取りを批判するわけだが（ハーバーマスも、その批判のやり玉に挙げられる）、それは単なる「すべてを包摂する基本構造を断念すること」に止まるものではなく、それに代わる具体的に新しい方法論を提案する——それは「意味の場の存在論」である。

彼はこう説明する——「わたしたちの生きている世界は、意味の場から意味の場への絶え間のない移行、それもほかに替えのきかない一回的な移行の動き、さまざまな意味の場の融合や入れ子の動きとして理解することができます」（『なぜ世界は存在しないのか』、p.142）。これによって認識されるパースペクティブの多数性、無限なものへの創造性、それは感覚の拡張（これについてはシュッツが「多元的リアリティ」の問題として一部手を付けていた）、「閉じ込め症候群」への抵抗によって実現するのだ、と。

ただし、こうした若い哲学者たちの主張はいささか楽観に過ぎるという見方もまた、現段階ではもう一つの現実だろう。極端な形で表れる全体主義的な動きも、「コロナ」への政治的な動きから感じ取れなくはない。だからこそアガンベンは、多少脊髄反射的に反応してしまったのだ。彼の「ホモ・サケル」の分析に基づく『王国と栄光』の弁証法は、栄光を祝福することで得られる安息が、「了解」へのショートカットであることを示している。それはすなわち、災禍によって傷つく対象としての「生活」がいかに脆弱であるかの証でもある。

10　新しい「生活」との出会い

さて、かなり回りくどく議論の風呂敷を広げてしまったが、これが新型コロナウイルス感染症を巡るボキャブラリーの増殖が、いったい何を我々に問うているのかに関する考察である。この困難な事態は、改めて我々に「生きられる」という概念のエコロジカルな解釈と、公共圏の議論と、時空間論をつなぐ機会を与えてくれているのだ。

それは最もミクロな次元においては、ウイルスに対する認識からはじまる「連続する記号過程」のメカニズムを浮かび上がらせる。我々が「ウイルスを○○と見做す」と語ること自体が、物理的存在としてウイルスを運ぶ媒体のフレームを用意することにつながる。すなわち感染環境それ自体をつくりだしている事態は、「生きられる」ことと「コミュニケーションすること」の二重性を、言い換えればコミュニケーションすることは「生きられる空間」を拡張する行為であることを白日のもとに表す。コミュニケーション行為の理論が、政治的言説に限定して用いてきた「言われることと行うことの同期」という現象、そして細胞の解釈から、非常事態宣言までを同じパースペクティブで捉える「遠近法」の可能性は、インフォデミックをパンデミックの単なるメタファーであるとばかりに「仕分け」することを許さない。その意味で言えば、「コンピュータウイルス」もメタファーではなかったのだ。

こうしてグレアム・ハーマンが『四方対象』で提起するような「生きているもの」と「いないもの」の境界を排した影響関係をもフラットに捉える方法が——ラトゥールのアクターネットワークの指摘（『科学論の実在』）や、「人新世」を唱える地質学もまた、とりあえず同じ志向を持つものとして——その細かい違いはさておいて、これからの時代のベーシックセオリーになると考えると、いよいよ私は、そこで「生活≠生きられる状況」を考えるステージが、新たに逆説的に立ち現れていくことを実感せずにはいられない。ここまでの前世紀から今日に至るさまざまな議論を踏まえて、仮のテーゼをここに置くとするならば、それは「『生活』とは連続性の謂いである」というひと言に集約できるだろう。

それは、パンデミックの最初の半年間チェックし続けてきた新聞や、テレビの「ワイドショー」「スペシャル」枠の言説分析からも言える。そこには実際、我々「人間」を受動態として置いたときに四つの認識フレームが存在しているのだ。まずは「ウイルスの宿主」として、そして「社会を構成する単位」として、さらには「生命を機能させる有機体」として。最後にそれらを総合する「生きられる」状態を問うフレーム。ここに表れた四つは、ルーマン的に言えばそれぞれが閉じた意味の次元にあるシステムをなし、各々は独自の距離によって仕切られている。これをつなぐためには、シュッツの言葉を借りるならば、まさに「多元的リアリティ」を身につける必要がある。「あいだの空間」（グレーバー）も、それを構成する「道」と「家屋」（ボルノウ）も、あらかじめ与えられただけのものとして臨めば、そこから振り落とされ「ホモ・サケル」たらざるを得ないリスクに晒される。それを避けるためにこそ、我々は何らかの人間らしいもの（それを文化といってもいいかと思う）を纏わねばならないのだ。ソーシャル・ディスタンス（社会的に構築される隔たり）とは、本来ならばそれをデザインするためのキーワードとして位置づけられねばならない。決して「自粛」を促すだけの言葉ではない。

幸いなことか不幸なことか、この四半世紀、我々は自然の力から人為によるものまで、数々の「生活」が脅かされる大規模な災禍に直面してきた。しかしそれは、その最も暴力的な極致である「戦争」の全面化を巧みに避けてきたことによる認識論的チャンスでもある。「コロナ」は一切風景を切り崩さずに、その問題を提起した。そこを出発点に、「生活」とは何たるかを考える——もし俯瞰が可能な「神」が存在するとするなら、その構築性を問うことこそが、この過ぎ去らない災禍の中で与えられた我々の仕事なのではないだろうか。

我々に必要なものは「新しい生活様式」のチェックリストなのではない。新たに「生活」を我々の手に取り戻すために、そのそのもののあり方を問うべき方法なのだ。それはまさに、その構造的カップリングの位置にあるメディアとコミュニケーションの使命であるとともに、それを糧に自らの足で歩き、確認していく我々の、「人間」の主体性の重さを量る試金石でもあるのだ。

第二章　津波は何を押し流したのか

第一節　復興の時空間

1　メディアを介した「災害」体験

「災害」とは、衝撃的なイメージとともに語られることがほとんどであろう。そのことが感染症の流行を災害のカテゴリーとする判断を阻む――実際、この新型コロナウイルスについては、災害救助法の適用条件に前提が合わず、急遽論議の対象となった「新型インフルエンザ等対策措置法」の改正もその文脈でなされたものである（その後、二〇二〇年八月一八日に沖縄県は陸上自衛隊第一五旅団に災害派遣を要請し、受理された）。

「多数の者が生命又は身体に危害を受け、又は受けるおそれが生じた場合であって、避難して継続的に救助を必要とする場合等」――災害救助法のこの適用基準は、物理的な生活空間の目に見えるダメージが前提とされている。しかし実際は自然災害においても、その「多数」がどのように生じるか、自分がその「多数」に入るかどうかは極めて相対的な状況に置かれる。いわば災害の経験は基本的に個人差があり、「まだら」に生じるのである。その状況は、特に被害の範囲が広域かつ長時間に及ぶ場合は、メディアに媒介されることによって、意識される——東日本大震災は、まさにそうした時空間を塗り替える出来事であった。

個人的な話で恐縮だが、私は二〇一一年三月一一日のその日、東京にいながら「ゆれ」を自分の体で感じた経験を持っていない。それはたまたまその時に、移動中のタクシーで遭遇したからだが、私はこの「初期体験の空白」がもたらした軸足の不安定さに、しばらく悩むことになる。実際私が地震を知ったのは、運転手が「おかしいな? ハンドルが執られる」と突然言い出したからだ。車窓に目を向けると、周囲の住宅から慌てた人々が次々外に出て来るのが見えた——私の東日本大震災の最初の「記憶」は全く間接的で、微妙な感覚のズレとともにあった。

最寄りの駅についた私は、改札に向かった。当然、電車は動いていない。ともかく状況を知りたかった。まだ混雑はさほどでもなく、改札脇のガラス張りのカフェに待機し、連絡をとろうと考えた。そうしている間に、比較的大きな余震を感じた。天井からぶら下がった照明が大きく揺れ、ガラスの壁がガタガタいった。しかしその時はまだ震源に近い地域のことを想像する余裕などなかった。どれくらい時間がかかっただろう。しばらくしてケータイでワンセグ放送を見ていた人から悲鳴が上がった。津波だった。

メディアを介した「災害」の経験は、奇妙な焦りを生む。その日からしばらく、私はさまざまな場面で思考を誤り続けた。友人とも口論になった。被災地との距離感も掴みかね、ネットに飛び交うデマを拡散させたりもしていた。後から聞いた話ではあるが、メディアの内側でもそんな状況だったようだ。テレビ局のコントロールルームは、各地から五月雨式に送られてくる映像に慌て、序列や軽重の判断力を失っていた。私の場合、その記憶は当日夜の、リピートされる被災地上空からの映像の印象とともに刻まれている。それは炎に包まれる気仙沼の漁港だった。いつの時点の様子か注釈もなく、ただ見知らぬ街が赤と黒のコントラストに包まれていた。一夜明けた一二日、最初に見た映像は、仙台市沿岸部上空の空撮だった。その第一報は「若林区荒浜の海岸に約二〇〇人の遺体を発見」とのアナウンスとともに映し出された。近いような、遠いような。現実的なような、フィクションのような。

見たこともない街のいきなりの俯瞰。統計的に重ねられる人の命の数——災害のステレオタイプは、こうして形成されていくのかと思った。続いてこの日、福島第一原発からの白煙の映像も報じられた。見えない放射能の影響範囲が、同心円で描かれた。やがて東京でも、地図上に乱暴に線が引かれ、計画停電が始まった。

2　被災の認識——時間と距離の交錯

決して現実から目を逸らしていたのではない。むしろずっと毎日テレビやネットを見続けていた。メディアが煽る「災害の実感」の訝しさ(いぶか)に十分気づきながらも、断続的に起こる余震の中で、その現実を相対化する術を持っていなかった。そしてその時はまだ、肝心の被災のど真ん中にいる人々が周縁化され、その情報に触れることすらできないという究極の矛盾に気づいていなかった。

昨日と今日を結ぶ「生きること」の連続性を断たれ、「絶望」の渦中にある当事者が、俯瞰を奪われ、自らの体感の位置を見定められない状況に置かれている。それに対し、モニターの前にいる人々は、出来事との距離を測ることができず、傍観者たるべく放り出される――大規模災害に対してメディアは、まず初めにこうした乱暴な区分けを行う。そして、そこから脱出可能な手段を持つ人は、徐々に距離を詰めはじめる。そうでない人は、「風化」という言葉に忘却を委ね、「他人事」の度合いを深めていくことになる。無情にも時間の経過は、そうした分節を支えるフレームの形成をも隠そうとはしなかった。

徳田雄洋は、おそらく震災後最も早い時期に、災害なるものを認識するフレーム自体が時間の経過とともに変化することに注目した論者の一人だった。二〇一一年一二月に出版された『震災と情報―あのとき何が伝わったか』で彼は、「最初の1時間／最初の24時間／最初の1週間／最初の1ヶ月／最初の6ヶ月」と区切り、各々の時間の中で扱われる情報のグラデーションを整理していく。それによれば初期は「どこへ向かうべきか」「連絡が取れない中で何をすべきか」「避難すべきかどうか」といった半径数十メートルの距離感――すなわち危機の中で、自らの命をいかに守るかが主題であったものが、「どんな説明がなされたか」「だんだんわかってきたこと」というようにアングルが広げられていく。

しかしその変化は決して直線的には進まない。むしろ個々人が手にすることができるメディアの物性によって入れ子状態が生じ、人々の認識には複雑な分断線が刻まれていくことになる。特に発災をいきなり超ロングショットで捉えざるを得なかったテレビカメラにおいてその変化は顕著であった。いっぽうで、少しずつ現実にアンビヴァレント（両義的）な眼差しを差し込む出来事もおこる。私には、忘れられないシーンがある。それは津波から一三日が経った陸前高田からのテレビ朝日『スーパーモーニング』の中継映像――避難所には行かず、高台の寺で被災後の日々を過ごす人々を取材したレポートだった。

私の眼は、現地を訪れた赤江玉緒キャスターの行動と、それを追ったカメラに引きつけられた。彼女は取材相手に正対せず、境内のベンチでこの町に暮らす人の隣に座り、見る影もなくなった中心市街を共に見下ろし、沈黙も交えつつ、ただ話に頷いていた。たったそれだけである。しかしそこにはそれ以前の報道には見られなかった、フレームを徐々にすり合わせていく「兆し」があった。住民の横に立ち、一緒に並んで歩き、指さす方向に視線を合わす。その先を捉えたカメラには、目の高さに広がるリアルな被災地の姿があった。

その時初めて、私には被災地を実感する遠近感がもたらされたと思った。思わずドキッとした。カメラは、人の目の代理として機能する。最も日常化したメディアであるテレビは、通常それが、誰の「目」で見た時の空間表象であるかを意識させない。しかしこの『スーパーモーニング』のシーンには、災害のステレオタイプを崩す印象の「ざらつき」があった。広がるいっぽうに思えた、被災の現実と傍観者の距離が、僅かではあるが縮まるような気配がしたのだ。それはなぜなのだろうか。一瞬ではあったが、この時カメラが代理して見せたのは、赤江キャスターと陸前高田の人々の「共視線」であった。彼女の言い澱みは、その重なり合いが示す意味が発せられる時間を待つメタ・メッセージであった。

3　映像にかつての街の姿を見る

災害は、日常生活を支える時空間秩序の連続性を破壊する——その前提に立ったとき、メディアのパフォーマンスには、その混乱に油を注ぐ方向にも、その真逆にも、人々を促す様相が映る。無人化した監視カメラ映像でないかぎり、いや仮にそうであっても送出回路のどこかに人間が関与しているかぎり、そのアンビヴァレンスは、人間の振舞いそのものの鏡として読むことはできる。

発災から二か月たち、私にもようやく重い腰を上げる機会がきた。放送のデジタル化とともに、番組のアーカイブ化を進めていたＮＨＫの知人が、「ＮＨＫアーカイブス学術利用トライアル研究」への参加を促してくれたのだ。アーカイブに保存された番組を見ることで、自分の立ち位置を確認する——私はこの機会を、津波が押し寄せる前の、東北沿岸地域の街々の姿を知るチャンスと考えた——そしてそれは、それまでさまざまなことに躊躇していた自分の背中を押してくれるだけでなかった。災害を認識し、復興という言葉に実効性を伴わせていくためにも必要な作業であることについて、そこから少しずつ人に語れるようになった。

その裏付けは、それまで五年ほど通い続けていた、北海道夕張市での経験にあった。二〇〇六年の財政破綻を契機に足を運んだかつての炭都の「華やかなりし過去の姿」も、私は全く知らなかった。そこで出会った元博物館館長が保存していた映像資料を手掛かりに調査を始め、人々と言葉を交わしていく中で、賑わいが消え、森林に還っていく市街のイメージが頭の中で構成できるようになった。毎年のように学生たちと、北の閑散とした風景の中を映像と地図を頼りに歩き、微かな「生活」の痕跡を探し、徐々に風景を指差しながら、営みの歴史を辿ることができるようになっていった。

「風景の消失が地域の記憶に及ぼす影響と、映像体験がそれを補綴する可能性を探求する」（トライアル研究企画書より）——言葉にしてみるとやや大げさだが、自然災害か人為的な環境変化かに関わらず、現実の厳しさをスペクタクルに回収させることなく、さまざまな人々の時間や距離の隔たりを詰めていくには、「風景」の共有が欠かせない。それがあって初めて言葉を交わす人の指示詞が同じ対象を意味するようになり、コミュニケーションを成立させる参照項の語用論的（プラグマティック）な機能が保証される。夕張で実践を続けた上映会やフィールドワークの経験は——炭鉱の閉山と財政破綻という二度にわたる「風景」の激変が人々に何をもたらしたかを教えてくれた。

言語学で「ダイクシス」と呼ばれる用語がある。「指差し」や「物まね」が機能する空間を意味する。状況に依存するその直接的な記号の働きは、人間のコミュニケーションの本質を支えてきた——トマセロやブーニューが指摘したその共同性は、言語そのものに内在しているのではなく、人を取り巻く環境の中において発現するものなのだ。「風景」とはそのフレーム、あるいはゲシュタルトを構成するものではないか——夕張と東北沿岸地域を結ぶことから、失われたそれらの認識論的な役割、その連続性が浮かび上がる。そしてそのことから、人間と災害の関係を問うエコロジカルな視座に迫る道筋が見えるはずだ、そう思った。

また、「風景」がリアルタイムで人々の生活とコミュニケーションを結ぶ媒介項の集合体を成すのならば、その喪失からの回復において、記憶と指し示す対象をつなぐものを、何によって補うのかという問いは避けられなくなる。「映像」記録への期待はそこに集約される。よく見られる古い記録映像の上映会の盛り上がりは、単なる郷愁の産物なのではなく、イメージが形をなすことによるエネルギーの発露であるということができる。それは、(政策的な物言いに寄せるならば)映像の活用環境の整備は「復興政策がお仕着せに陥ってしまう危惧を払拭する」ために「その土地を生活圏とする人々の目線に立った討議がなされる」場の創造に奉仕する作業ということになる。

映像は、時々の「いま」を記録している。そしてそれらはアーカイブ(集積)されることで連関を成し、またその集合性は視線を誘導するカメラワークを相対化し、視野を広げさせてくれる。甚大な津波被害を受けた街々との不幸な出会いを、さまざまなことがらを理解し合えるような関係性に変えていくきっかけを、私は「群」としての映像を読む作業に期待したのである。

4　ナショナルな映像/東北の周縁性

さて申請が通って、川口のNHKアーカイブスに通い番組を見つづける毎日が始まった。最初に、津波の被害を受けた青森、岩手、宮城、福島、茨城の五二の市区町村のうち、特に被害規模が甚大

第２―１表　津波被災地に関する番組数（NHKクロニクル）

	～1960年代	1970年代	1980年代	1990年代	2001年以降	合計
宮古	5 (4)	1 (1)	7 (0)	10 (7)	5 (5)	28 (17)
釜石	2 (2)	2 (1)	7 (1)	3 (2)	4 (3)	18 (9)
大船渡	3 (2)	0 (0)	8 (1)	4 (3)	8 (6)	23 (12)
陸前高田	0 (0)	0 (0)	11 (1)	9 (6)	4 (2)	24 (9)
気仙沼	2 (2)	1 (0)	7 (0)	9 (8)	10 (9)	29 (19)
女川	0 (0)	2 (0)	7 (0)	4 (3)	7 (4)	20 (7)
石巻	2 (1)	1 (1)	3 (0)	6 (6)	13 (13)	25 (21)

注　（　）内は視聴可能な保存形態（VHSまたはDVD）になっている数（2011年９月）。

であった（死者・行方不明者数が従前人口の二％以上である、または二〇一一年三月二六日時点の避難者数が従前人口の一〇％以上である）自治体を選び、その地名（合併前の旧自治体名を含む）で、ＮＨＫクロニクルの番組検索（震災以前）を行った。しかしそのアプローチは最初から壁に当たる。コーパスになりうる番組数は予想外に少なかったのだ。最終候補に残ったのは、宮古、釜石、大船渡、陸前高田、気仙沼、女川、石巻の六市一町の（番組数）の番組である。それを年代別にまとめると上のようになる（第２―１表参照）。

特に注目すべきは一九七〇年代の数である。もちろんＮＨＫがアーカイブ事業に本格的に取り組む二〇〇三年以前は、基本的に放送番組は「送りっ放し」であり、一九八〇年代の家庭用ビデオの普及で私的に録画された映像によって補完される以外は、作り手が意識して残そうとしなければ、番組表にその痕跡を残す以外は消えてしまって当然だった。しかしそれ以上に、この乏しさはいわゆる「地方」と「中央」の関係性を表すものでもあった。

テレビの黎明期、紀行番組はそのナショナルなイデオロギーを構築する機能の重要な一翼を担った。シリーズとして制作されたＮＨＫの紀行番組は『日本風土記』（一九六〇年四月〜六一年三月）に始まり、次いで一九六一年四月から翌年七月まで放送された『日本縦断』（全五〇回）で、そのかたちがはっきり示される。鹿児島を皮切りに日本海側を北上し、北海道を折り返し点にして、さらに太平洋に沿って沖縄に至るこのシリーズは、空撮をふんだんに取り入れ、まさに番組名の通りこの国を構成する各地の自然、生活、産業を美しくかつ「俯瞰的」に描くことを狙いとしていた。

全都道府県を網羅することが目標だった『日本縦断』『続日本縦断』は好評のうちに終了。そののちに後継番組としてスタートしたのが今も紀行番組の代表として語られる『新日本紀行』である。一九六三年一〇月にスタートし、一九八二年三月までの一八年半、計七九三本が制作された。そこには戦後社会の新しい集合的イメージ＝一つの国土像を創造する役割が期待された。

『新日本紀行』制作の背景には、高度経済成長があった。担当部署が報道局社会番組部であったこともあり、おのずとこの新番組にはジャーナリスティックな眼差しが注がれるようになる。「美しい映像を求めながらも、カメラは神の目ではなく、取材者と被取材者のかかわり方をも映像化しようとしていた。ディレクターは、ナレーションを天の声ではなく、いわば地の声にしようと努めていた」（NHKアーカイブス「NHK名作選」番組エピソード・『新日本紀行』より）。視点が徐々に目の高さに近づくにつれ、そこには「古き良き日本」と「新しい日本」のコントラストが精緻に描かれるようになる。シリーズ初期は、大雑把に地域を括り、網羅的にトピックを拾っていた番組も、六〇年代後半、カラー映像（一九六七）、冨田勲によるテーマ曲（一九六九）の導入の頃から「テーマ主義」的な作りになっていった。

だが、その流れはグローバル経済体制が整う中で行き詰まる「成長」神話とともに頓挫する。『新日本紀行』の中の地方のコアは、安定成長への社会の変化を反映し、「美しい自然」のような観光的な眼差しの対象にシフトしていく。成長の「豊かさ」のイメージは都市に収斂し、拡大する格差の中で地域に割り振られたはずの産業（第一次産業ももちろん含めて）は疲弊、その状況で収奪を強めるリゾートの思想が「風景」を選別し破壊する。皮肉なことに、テレビはそのプロセスを見落としていく。『新日本紀行』が終了し、後継番組の『新日本探訪』（一九九一年四月スタート）までの「空白」は、その無作為の跡である。

『新日本探訪』は、一九八〇年代後半以降のバブルとその崩壊を受け、忘れられていた地域を半ばノスタルジックに後追いし、映像の中には「都市への一極集中」と「地方の衰退」のコントラストがはっきり描かれるようになる。そこには、かつての社会問題を透視するような眼差しはなく、過去を懐かしむ人々の内面に入っていくようなカメラワークが目立つようになる。

5　『嵐の気仙沼』の特別な一日

私は津波の激しい映像が生々しく残る、気仙沼・石巻を中心に一九九〇年代から二〇〇〇年代のいくつかの番組をピックアップした。

『新日本探訪／船出に幸あれ～宮城　気仙沼～』（二四分、一九九四）、『列島リレードキュメント／

春風満帆ナンダコリャ人生～宮城県石巻市～』（一五分、一九九五）、『ワンダフル東北／ここに技あり 春 三陸の巻』（四三分、一九九七）、『ハイビジョンふるさと発／嵐の気仙沼～宮城・港町の特別な一日～』（四三分、二〇〇九）、『鶴瓶の家族に乾杯／坂口憲二　宮城県石巻市』（前後編各四三分、二〇一〇）――そこには津波が押し流す前の「港町」の風景が映し出されていた。

これらに共通しているのは、「街の賑わい」を過去のモノとして懐かしむトーンである。登場人物たちが既にそこにない「風景」を遠い目で追う姿は、以前に私が分析対象としてきた閉山後の夕張の映像と重なるものであった。夕張の場合は、世界的なエネルギー転換で強いられたスクラップ&ビルドの結果、大規模な事故から閉山へと追い込まれていった。この東北・太平洋沿岸地域の場合はどうだったか――もう少し遡ると、一九八五年に放送された一つの番組に、答えがあった。『明るい漁村／村の記録「もう船には乗れない」～宮城県石巻市～』（二〇分、一九八五）である。地域映像のジャンルとして、農事番組は紀行番組に並ぶNHKの主要なカテゴリーだ。むしろ都会との対比に囚われていた後者と異なり、当事者を捉える撮影表現はストレートであった。

この番組で私は、領海法（一九七七年）以降の二〇〇海里体制下の、衰退に転じる「港町」の現実を目の当たりにした。教科書や新聞記事で知ってはいても、全身に赤さびを纏った漁船の累々たる屍を捉えた映像はショックだった――そのイメージを起点に見返したとき、二〇〇九年に放送された『嵐の気仙沼』のサブタイトル「港町の特別な一日」は、軽妙な演出の影に仕込まれた、重い歴史を背負った隠喩として迫ってきたのである。

『嵐の気仙沼』は、二〇一〇年の第三六回放送文化基金テレビドキュメンタリー部門本賞受賞作品である。「平和で何事も起こらないドキュメンタリー作品に、今回は本賞が贈られることになった」と吉田喜重委員長が講評したが、それとは別のところに、この番組の核心はあった――台風が来ることで、沖からさまざまな地方に所属する船が港に集まってくる情景は、実は決して二〇〇九年の「日常」ではない。むしろそれがとうに失われていたからこその、「特別な一日」だったのだ。

そのことは『嵐の気仙沼』が、ほとんど「点」の連なりで描かれていることに表れている。時刻のテロップ表示が刻むシークエンスは、入港した他県籍の漁船員たちの、この港町での一日を構成する。しかしその要素に空間的な広がりを与える「風景」が組み込まれることは稀であり、多くの時間は、「銭湯」「コンテナを改造した雑貨屋」「スナック」といった閉鎖空間の中で費やされる。そしてその相互の位置関係が示されることもない。なぜならば彼らにはこの町に「生活」がないからだ。銭湯につかり、雑貨屋やスナックで語らう人々は「来訪者」であり、「特別な一日」はそうした客人をもてなすことで活気を取り戻す、この町の厳しい現実の陰画なのである。

ただし、『嵐の気仙沼』が放送された時点で、制作者たちがこの「風景」の不在の意味に自覚的であったかは疑問である。なぜならば、カメラがフォーカスしていたのは、台風によってタイムスリップして来た「賑わい」の現前であり、視聴者も含めおそらく、それ自体が幻影であることを示す指示詞（昔を懐かしむ会話や、来客をもてなす街の人々のちょっとしたぎこちなさ）に、丁寧に見ていかないと気づかない「つくり」になっているからである。

「物語」は、「賑わい」をはしごした船員たちの出航を、銭湯の女将が見送りに行くシーンで終わる。去っていく船に向ける女将の眼差しに、私は再び夕張のいくつかの映像の人々と共通する「遠い目」を見た。やはりこの一夜は「幻」だったのだ――そして、思った。「この港町のかつてあった風景は、本当に津波が一瞬にして押し流したのだろうか」「もし、そうでないとするなら、津波はいったい何を破壊したのか」。私は、この問いとともに、震災後の気仙沼を訪ねてみようと思った。

6　地図を手に、歩き始める

フットワークのいい友人たちの中には、発災後すぐに現地に向かった人もいた。あるいはそれぞれの事情で動けない人たちも、ネットを駆使しながら、それぞれに「できること」を見つけ動いていた。

その波には完全に出遅れた格好だったが、それは私なりのタイミングだったように思う。ちょうど市民メディア全国交流集会の特別編が、二〇一一年九月二四日にせんだいメディアテークで開催されるとの報せが届いていた。年に一度、全国を巡回して実践者をつなぐこのイベントに私は二〇〇四年から参加していたが、多くの地域の人々との出会いはここから生まれていた――北海道夕張市との交流も二〇〇七年のエクスカーションがきっかけだった。もともと仙台で開催される予定ではあったが、主催者は震災で規模を縮小し、テーマも「この半年」の動きに絞って「できることをやろう」と決断したのだった。私はこの日を、それを東北に足を運ぶきっかけにしようと思った。そして前日二三日の夜、最終の新幹線で仙台を通り越し、一関に一泊。始発の大船渡線で気仙沼に向かった。

誰一人知り合いのいない瓦礫が残る道を、地図と、かすかな映像の記憶だけを手掛かりに歩いた。はじめて漁船が着く岸壁と「銭湯」と「スナック」と「コンテナの雑貨屋」の位置関係がわかった。大島行きの観光桟橋のダメージは大きく、パチンコ屋のあった仲町周辺にはまだ多くの穴のあいた家屋や剥き出しの基礎、積み上げられた乗用車などの瓦礫が放置されていた。それでも確かにそこには半年の時間が経過していることも感じられた。早い時期に入ったアーティストが残した「作品」らしきものの残骸も、瓦礫に同化していた。釘が出た木材が散らかる道に、新しい電柱が何本か立っていた。こうして復興は始まっていくのだと実感した。

南気仙沼の駅周辺の光景は衝撃だった。地図を見直し、津波が上がっていく様子を想像した。あの日の夜の街が燃える俯瞰映像は、どこから映したものか考えて周囲を見回した。河北新報社のビルも、その瞬間を見下ろし撮影した場所の一つだった。歩きながらこの半年に見てきたいくつかのシーンが少しずつ重なりを成していった。駅に帰る途中で「コンテナの雑貨屋」があった向かいのガソリンスタンドの時計が、一四時四六分で止まっていることに気がついた。まだ建物が多く残る南町の商店街では、ダメージの程度を示すサインが目についた。市庁舎のある八日町の角が津波被害の分岐点に見えた。バス停で老婆が、家族の安否を淡々と言葉にしていた。ようやく私の意識は、その瞬間にまで遡る入口にたどり着いた。

せんだいメディアテークに着いたのは夕方だった。まだ多くのことが止まったままになっている気仙沼の印象に対して、この半年間の激しい社会の動きにさまざまな距離感でかかわった人々の姿と言葉が一気に押し寄せてきた。それらは東京でずっと動かずにいた自分には、全く知らない世界だった。しかしまだまだ解釈が追い付かないもどかしさを覚えながらも、ようやく複雑な情報のグラデーションの中に立ち止まっていた自分にも、ようやくメディアの閉じから脱して、現場へ向かう道が開かれたような気がした。

7　船の生態系（エコロジー）

仙台から帰り、再び川口のNHKアーカイブスに通う日々がやってきた。実際に東北に赴いて目に焼きつけたイメージを手掛かりに、『嵐の気仙沼』など各番組のシーンを切り出し、その記号素を「分析」していく作業にとりかかった。四三分の尺を再生しては止め、被写体や言葉、カメラワークや編集の特性を書き起こしていく、なかなかに骨の折れる作業である。

一般に「映像」の意味は主たる被写体の姿や発話を中心に語られる。しかしそれらはそれ自身ではなく、他のモノ・コトとの関係性のもとに意味を紡ぎ出していく。世界を切り取るカメラは、現実の時空間と異なり、それを一続きのフレームに収めるように機能し、ショットやシーンを重ねる（モンタージュ）ことで「その場にいない見る者」をコンテクストに引き込み、ある時は気散じをさせる――映画論の世界では、その技法をアトラクション／ディストラクションという――すなわち、映像とそこに映し出される諸要素の関係は、その操作の結果としてさまざまなメタ・メッセージを排出する。それを拾い上げるのが、私たちの分析技法である。普通の映像のスピードで見ていくとなかなかそれは見えてこない。いわゆる「無意識」に働きかける。それは実生活における「風景」の役割と似ている。

点で描かれ、「風景」を構成する空間的要素に乏しい『嵐の気仙沼』だが、逆に時間のリズムは誇張され、シークエンスを刻む。それこそがこの番組の主題である「特別な一日」の主旋律であり、「泡沫(うたかた)の夢」の書割を成している。では、その「夢」の時間の「入りと出」は、何によって縁どられているのだろうか——それは、港への「船」の出入りであった。『嵐の気仙沼』のそれは、特に象徴的に描写される。オープニングとエンディングに港を見下ろす高台からの俯瞰ショットは、まるで隊列を組むように気仙沼湾に入り、出ていく漁船たちの姿を捉える。不思議なことに、この水鳥のように水面を這う漁船の「群れ」のシーンは、一瞬、生き物であるかのように映る。

この印象的なシーンは、東北太平洋岸のリアス地形が生み出した「風景」を印象づける。その中心にあるものこそが「船」である。それはこの時NHKアーカイブスからピックアップした番組の全てに共通するオブジェクトであった。船は、まずもってこの地域の産業構造の核たる「漁業」の手段である。しかしその存在はハードな経済的範疇にとどまらず、この「港町で〝生きる〟」ことの文化的なシンボルでもあった。このエコロジー＝エコノミー的な関係性の核として、「船」は呼吸する町の換喩（メトニミー）あるいは提喩（シネクドキ）的意味を映像に与え続けていたのだ。例えば、『嵐の気仙沼』のオープニングとエンディング・シーンのように、各番組に描かれる「船」の姿は、まるでこの生態系の中心をなす「生きもの」のように扱われる。そして番組のコンテクストを指示するコノテーション、あるいはメタファーとして「ひとの生活」に遡及的に意味を与えるのである。

例えば『船出に幸あれ』のオープニングには、出航する新造船をカメラがぐるりと一周まわる映像や、船底から見上げるチルトアップ、船の一部からのズームアウトなど、「大きな生き物」を描くカメラワークが「船の存在感」を示す技法として用いられている。さらにこの番組には、シークエンスを繋ぐショットにも船が印象的に扱われるシーンがある。その一つが、「朝もやの中を行きかう船」である。この幻想的に記憶を刺激するメタフォリックなイメージは、あたかも水面に遊ぶ水鳥の群れにフォーカスを合わせたかのような、独特のトーンを生み出しており、『嵐の気仙沼』の「入りと出」の映像にも通底する。

しかし「命あるもの」は「死を免れないもの」でもある。『もう船には乗れない』では、累々たる船の屍が映し出されている。あるいは、かろうじて生き残った船たちも、ただ老いた姿を晒すにまかせている。船の生きられる空間は、「漁場」である。しかし領海法以降、他国の排他的経済水域や公海域における漁業にはさまざまな規制が次々と敷かれ、船は「生きもの」としての自由を奪われていった。岸壁に係留されたまま朽ちていく船の錆は、生気を失いつつあることの証である。そのように見ていくと、七〇年代までの「船」はまさに青春そのものを「生きていた」。船の「生」

は漁場と埠頭を行き来するリズムにあった。船が時間とともにあるのは、そのためである。『船出に幸あれ』では、ある時はまぶしい朝日を受け、ある時は夕日を背景に背負う。港の活気も、そのリズムの中にある——こうした「船の生態系」の発見は、「津波」が一体何を押し流したのかを解き明かす手掛かりを与えてくれた。

かの地の「生活」は決してあの一瞬で消え去ったのではない。過去の映像は、三陸の海辺のまちのそれは、実は四〇年の時間をかけて少しずつ削り取られていたことを教えてくれる。津波は、その未だ書き記されていなかった歴史、すなわちグローバルな経済システムが「生活」そのものを切り刻んでいく現代史を消し去ったのだ。

8 『がれきを踏みしめて』と映り込む現実

この分析作業を行っている間、内心引っかかっていることが一つあった。気仙沼の街を初めて歩く五日前、NHKは二〇一一年九月一九日に、震災後のこの町を舞台にしたドキュメンタリーを放送していた。それが『がれきを踏みしめて〜気仙沼 港町の絆〜』(四三分)である。しかし私はこの日は録画しただけで、あえてこの番組の視聴は後回しにしていた。

この番組は、『嵐の気仙沼』のスタッフたちが、津波後の登場人物たちを再訪する様子を描いた続編として位置づけられる。しかしその関係は決して単純ではない。衝撃は、あの一夜の「賑わい」の現場が、瓦礫の山に置き変わったことを超えていた。すなわち『嵐の気仙沼』の物語の構築性を番組が自ら暴露してしまったのである。

本編では控えめにしか描かれなかった人々が『がれきを踏みしめて』には次々に姿を現し、これまた存在を消していたカメラやマイクを持つスタッフたちと、近い距離で会話をしはじめる。「明るく快活な女将」の陰にいた「銭湯の存続に苦しむ主人」、「妖艶な雇われママ」の代わりにカウンターを仕切る「本当のママ」等々。彼らは被災後の日々の変化のなかで、とまどいを隠さず自身の言葉で語り、躊躇や苦悩の表情をカメラに晒した。また本編での陽気さがすっかり消えた雑貨屋の店主の絶望の表情にも、被災の現実が露わにした人々の姿のリアルがあった。

震災がなければ、まちがいなく『がれきを踏みしめて』は制作されなかった。仮につくられたとしてもそれは『嵐の気仙沼』のコンテクストを保持したまま、続編がつくられただろう。しかしここに表れた断絶は、本編の物語が隠喩として仄めかしていた漁港の暮らしの漸次的喪失が、震災によって「もしかすると決定的になったかもしれない」という怖れを、白日のもとに晒したのだ。本編も続編も、ラストは寄港した船の出航と「銭湯の女将」による見送りのシーンで揃えられている。来訪者である船員は、「(今後)どれだけ気仙沼が受け入れてくれるかが問題」とやや悲観的に語る。

そして二〇一二年四月一八日に、更なる続編『気仙沼の人びと』(ETV特集)が放送される。この番組のシーンの大半は『がれきを踏みしめて』の焼き直しだったが、新たな撮影によって北海道の漁師と保育士のカップルのその後と、銭湯の「仮設」後のエピソードが加わり、そのことで全く別の番組になっていた。こうして時間とともに映像が層をなして積み重なっていくことこそテレビの特質といえるが、特にドキュメンタリーの場合はカメラが対象の時空間変化を精緻に映し出す。この二つの加わったエピソードが指し示す対象は「復興」の兆し、その微かな希望のようなものであった。

被災地には二つの時間が流れている。一つは災害さえなければ連続していただろう「昨日の続き」の時間。もう一つは突然理不尽にも「遮断され、そこから新たに始まることになった」時間。「復興」という言葉は、どちらに結びつけられ語られるべきなのだろうか――それは、人々の出来事に対する距離感、崩れ去った空間に紐づけられた位置によってまるで違う。テレビ番組はその最も近い人と最も遠い人を、乱暴にもリアルタイムの放送波によって接続する。そのことによって、意図せざるかたちでむき出しの記号素が散らばる光景が浮かび上がる。九・一一の折にスラヴォイ・ジジェクが指摘した「現実界の砂漠」(『「テロル」と戦争』)はここにも広がっていた。しかも定点観測的にカメラが追っていただけに、よりリアルに見えた。

しかし、私たちはさらにもう一歩踏み込んでこの三本の番組を括るフレームを読む必要がある。『嵐の気仙沼』の「物語」がはぎ取られたところに表れたのは、この番組群に関わる主なこの町に生きる登場人物と、スタッフ、船員といった外部者との間に取り結ばれたヒューマン・リレーションの存在である。それがあって初めてこの連作は成立した。

「復興」は、これまでもっぱら物理的な時空間装置を整える過程とともに語られてきた。だがいっぽうで、それとともに「絆」という概念がセットで問われてきたということを、忘れることはできないだろう。それが有機的で自生的なものか、あるいは実態に先駆けて掲げられたスローガンにすぎなかったか——少なくとも、震災以降、私たちはそれらに対し、かつてよりは厳しい目を向けられるようにはなった。

9 「一瞬」の二重性

東日本大震災は、複合災害である。揺れそのものがもたらした破壊力、誘発された原発事故の大きさもさることながら、最も多くの人命を奪い、遠くに住む者にも視覚的な衝撃となって迫ったものは確かに津波であった。今でも瞼の中では、「あの凄まじい映像」はトラウマのように押し寄せ、それは当日朝まで普通にあった風景が、「一瞬にして消え去った」という言葉とともにリピートする。

しかし、メディアがその言葉をことさらに強調するほどに、どうも私たちはこの災害の本質を見誤ってきたように思う。それはこの「一瞬にして」の二重性である。例えばこうした表現は、広島や長崎の被爆体験においても用いられてきた。そしてその決定的に状況を変えてしまう力については、どんな位置で、どんな立場でこの出来事に出会ったとしても共有しうる認識対象である。だが、あれから四分の三世紀を経ても、それがどのような意味をもたらしてきたのかについての合意は、十分に得られていない。

同じ事が、津波のような災害についても言える。その「一瞬」の物理的な「その時」が共有可能なだけに、かえってその破壊力が裁断する時空間のさまざまな文脈の違いが際立つのだ。徳田雄洋が被災後半年にわたって分析したアジェンダの転回は、実はもっとロングスパンで見たときに、深刻なコミュニケーション環境問題がありうることを示唆している。むしろ半年から一年までのあいだは、直接的な被害状況を把握し、死者を弔い、身体の健康の保全を確保するという意味で、ある程度どのような状況で災害に出会ったとしても、共通する判断軸を持ちえた。しかし時間が経過すると、各々の「生活」とそれを支えるべき空間機能との齟齬が前景化してくる。

「復興」という言葉の実質的な困難さは、この時点からはじまる。何しろ「生活」の時空間的連続性を津波は奪ってしまったわけだから、何をどう「復興」すべきかという議論の参照項が失われ、しかも住民の離散によって記憶を重ねるべきコミュニティにも罅（ひび）が入ってしまった状況は、当事者たちに精神的な負担を強いることになる。特に家族を失った者とそうでない者の意識の隔たりは残酷なコミュニケーション・ギャップを生む。その「分断」は、インフラレベルの「風景の変化」が可視化されるようになってよりいっそう「切実さ」を極めるようになる。

はじめて気仙沼の街を歩いてから、被災後五年を迎えるまで、私はおよそ年に二〜三度の頻度で現地を訪ねた。発災から二年半が経った二〇一三年あたりから、その「風景の変化」は激しさを増すようになる。被災のシンボルとして報道の格好の被写体とされていた第一八共徳丸の撤去にはじまり、かつての地図が刻んだ「土地勘」を無効にする付け替え道路の整備、相次ぐ高層の災害復興住宅の建設、そして街から海への視界を遮る防潮堤——それらが「安全なまちづくり」の旗印のもとにトップダウンで推し進められる様子を見続ける中で、考えずにはいられなかった——人々の

「生活」はどこに行ったのだ。まるで「器さえ用意すればなんとかなる」と言い放たれているかのようだ。そこに後から盛り付けられる程度のものとして、「生活（人々の暮らし）」は見下げられてしまったのだろうか。

ナオミ・クラインが訴えた『ショック・ドクトリン』（惨事便乗型資本主義）のあからさまな蹂躙は、この国では「復興五輪」のスローガンとともに本格化する。「under control（すべてをコントロール下に置くことによって、何事もなかったかのようにして前に進む）」という言葉を躊躇なく用いる為政者の下で、嵩上げされたむき出しの赤土の下にかつての「生活」は沈められ、忘却されていく時間がはじまった。皮肉なことに気仙沼で第一八共徳丸の解体工事が始まったのは、オリンピックの東京開催発表の翌日（二〇一三年九月九日）だった。

10　災害後の時空間を生きる

二〇一二年九月、NHKアーカイブスの映像を用いた分析成果を「テレビ番組における風景の位相」と題した論文にまとめた後、この「学術トライアル研究」を紹介してくれたNHKの知人に、一つの提案をした、こうしたアーカイブ資料は、災害「復興」を考えるための参照項としてぜひ公開されるべきであると。二〇〇三年に本格的にアーカイブ事業に乗り出したNHKにおいても、一般公開されている番組映像はわずか一％にも満たない。その理由は煩雑な権利処理作業によるものであるが、そのハードルを越える意味でも、「誰の、何のためのアーカイブか」を積極的に示す必要があると考えたのだ。

その結果、NHK放送文化研究所の協力を得ることができ、二〇一二年一二月二三日、せんだいメディアテークで「3・11震災アーカイブ活用の可能性～防災・減災、復興にいかすために～」というワークショップを開くことができた。会場には仙台や気仙沼、陸前高田などでアーカイブや復興支援活動を行う実践者が集まり、『嵐の気仙沼』を見て、映されているモノ・コトを題材に記憶を掘り起こし、話し合った。そこで確認をしたかったのは、「こころの復興」すなわち街をつくる当事者としてのアイデンティティの再生に、映像資料が媒介項として果たす役割についてであった。この実践手法は、以前から「みんなで一緒に映像を見る」ワークショップとして広島や夕張で重ねてきたものだった。

特にこのワークショップでは、参加者の多くがファシリテーター経験を持ち、事後のディスカッションではメタな視点からの意見を数多くいただいた。そこで指摘されたことの一つに、記憶を想起させる際の「他者の目の重要性」がある。見慣れた町の姿に映像を介して出会い、それについて話し合うという実践は、自らが記憶したイメージの再生であると同時に、そこに日常の距離感とは異なる眼差しを注ぐことでもあるのだ。その体験は、「生活」の無意識の意識化を促す――被災後の風景との変化する都度の出会いは、ある意味、それまで日常であった当たり前の時空間を揺さぶる体験の連続であったはずだ。それをさらに外側から客観化する――映像を介した地域との出会いは、異なる立ち位置で地域を見る、他者の目を獲得する経験となる。

災害を経験して以降の時間と空間の変化は、「分断」を生じさせるリスクでもあると同時に、その「分断」を乗り越え、新たな公共性を思考し、それまで存在していた狭いコミュニティの外の人々を巻き込むチャンスともなる。それは多くの人が指摘しているように、一九九五年の阪神大震災の経験が一つの契機となった。ここで培われたボランティアや市民活動の土壌、プロボノ（自分の仕事のスキルを生かして参加するボランティア）などの新しい社会貢献イメージ、あるいはネットやコミュニティFMなどの新しい「小さな」メディアが示した存在感は、その後徐々に社会に浸透していった。そして東日本大震災に対する全国から寄せられた支援の輪で、それがはっきりと継承され、多文化共生のコンセプトが人々に受け入れられていく様子が印象づけられた。

多くの阪神大震災を経験した実践者、特に「表現者」がコミュニケーションを繋ぐ役割を自ら担うために被災地に足を運び、東北の人々とのコラボレーションがあちこちで生まれた。言葉を拾い、書き残す人。映像で変化を記録していく人。記憶と記録が出会う、参加の場をつくる人…。こうした広域にわたる、さらには時間をかけた経験の相互参照の積み重ねは、再建すべき「生活」の核心がどこにあるのかを考える、重要な問題提起となっていった。

11　「復興」の期限

一九九五年以降、火災の被害の大きかった神戸市長田区でカメラを回し続けた映画監督・青池憲司は、その連作（『野田北部・鷹取の人びと』一九九五〜一九九九年、『震災復興のあゆみ〜あの時と今〜』二〇〇〇〜二〇〇八年、『大震災から25年／野田北部・人とまちのいま』二〇二〇年）を通じて、ある境地に達する。彼は自らの作品を「記憶のための連作」と呼ぶ。そして出来上がった作品の上映会はかならず撮影した現場で行う。「怖い瞬間だ」が、妥協のない討議の場の緊張感を、地元の人びとが「他者の目」で見直すこの機会が、関係性の構築に大きく寄与していることを実感するという。

実際の街のなかにも、そうした人々の共同性そのものによって形づくられるものがある。そして青池の映像はそれを逃さない。「まちづくり」において「道づくり」が果たす役割の大きさもその一つである。一本一本の路地の意匠。ただ人が行きかうだけでなく、そこで集い、コミュニケーションが促されるように凝らした工夫。「住民参加」とは大上段に振りかざすスローガンではなく、こうした日常の営みの中に可視化されていくのだと思った。言葉から対話へ、対話からコミュニティへという発展は、時の刻み方や空間のつくられ方と直結している。逆に言えば、どのような記録が残され、どのような風景がそこにあるか見ていくことによってはじめて、そこに「住まう」人々の「生活」を思うことができる。そのことを私は、青池の映像の生々しさから知った。

ところで、東日本大震災の三年目から私は、毎年三月一一日に、レンタカーを借りて丸一日被災地域を回るようにしているが、九年目（二〇二〇年）の朝も一番に一ノ関駅を出発し、陸前高田から気仙沼、志津川、石巻を通って、最後は仙台の荒浜を訪ねた。定点観測というわけではないが、いくつか決まったところで写真を撮った。特にこの年は、多くの街の風景が塗り替えられ、伝承施設や追悼空間が整えられたことが印象づけられた。「忘れてはいけない」という声と、「忘れよ」と促す風景の変化のギャップ。はがれない瘡蓋（かさぶた）のようにかつての生活の場を覆い、目線の位置を数メートル上げることによって出来上がった「新しい街」で始まる「新しい生活」もあるだろう。しかし「記憶の中の街」は宙づりにされたままだ。ぴかぴかの伝承施設や整然とした美しい追悼空間や公園が、果たしてその間を埋めるものなのかどうかは、重要な検証のテーマである。

二〇二〇年のその日のショックは、何よりカーラジオで聞いた菅義偉官房長官の会見だった。「地震や津波の被害を受けた地域では、住まいの再建やまちづくりがおおむね完了して、産業や企業の再生も順調に進展するなど、復興は総仕上げの段階に入っている」――この「復興の完了」という言葉は衝撃だった。過去はさっさと片づけて前にすすむ、そのニュアンスの冷酷さ。カーナビにはまだ出てこない真新しい街路で車を止め、ガラス張りのカフェで珈琲を飲み、深呼吸した。

思えば「復興」は「戦後」という言葉とペアで使われていた時代があった。そして「もはや戦後ではない」と言われたのが一九五六年。なんだか似ている――ここでもやはり一〇年が一区切りと見做されていた。しかし街路が整い、オリンピックが来ても、人々は「戦後」という言葉を使い続けた。そして二〇二〇年は「戦後七五年」。皮肉にも「コロナ」でオリンピックは先送りになり、「戦後」を問う機会も多くが見送られた。

我々は災禍によって何を失ったのか。過ぎ行く時間の中で何を取り戻し、何を新たに築くべきか、あまり踏み込んで議論しようとしない。それは、その対象が「生活」という言葉で括られることと関係があるように思う。「生活」は日常においては意識されづらい。傷つき、なくして初めてその存在に気づく。そのくせやたら複雑である。哲学者・社会学者・歴史学者たちの「生活」論も、どうもあまりうまく噛み合わず、文脈を成していかない。それは鏡を通してしか自分の素顔を知ることができないことに似ているからか。あるいはその穏やかさの中に災禍に反転する土壌が潜んでいるからか。

その点で言えば、映像は正直だ。後々、本書でも触れるが、青池憲司は、東日本大震災の発災直後から石巻に入り、ここでもカメラを回し続けている。そこには阪神と東北だけではない、戦災やコロナをも紐づける断片がたくさん記録されている。それらを見ると、まだ「復興」や「新しい生活」に期限を求める段階ではないと思う。というよりも、そもそも生活は「期限」とともに語られる対象ではない。

第二節　「災害ユートピア」論再考

1　被災経験の言語化について

災害を受け止めることの困難さは、発災時の衝撃に加え、時間の経過にともなって視界にさまざまなものごとが入ってくることにある。それを整理して言葉にしていくことは並大抵のことではない。特に失ったものやこと、亡くなったひとへの思いが強い場合、波のように寄せては返す後悔を昇華していく心の負担は一筋縄ではいかない。一般的には時が経てば記憶は薄れるものと考えられているが、むしろ時とともに積み重なる事後の経験が、新たな参照項となって負の記憶を分厚くしていくことも少なくない。そうしたとき人々は、自然に生じる安らかな忘却を支えていたものは、昨日と同じ環境が今日も続くという、日常の連続性への信頼自体だったことに気づく。

はじめの一年は、あの『がれきを踏みしめて』に限らず、テレビもどこか震災を描くことに逡巡していた。津波そのものの映像を流すことは憚られ、発災から徐々に落ち着きを取り戻すまでの出来事や人の姿を淡々と追うドキュメントが専らであり、そこに解釈の言葉が重ねられることはまれであった。「絆」「負けない」「希望」「元気を届ける」といったスローガンが番組のショルダーに掲げられ、ナレーションには「寄り添う」「向き合う」といった奥歯にものが挟まったようなメタ・メッセージが多用された。

ドラマの中に震災が描かれるようになるまで、およそ二年が必要であった。二〇一三年第一クールの『最高の離婚』（フジ）が都会の帰宅困難シーンを描いたことに始まり、同年上半期の朝ドラ『あまちゃん』が終盤に三陸の「その日」を婉曲に表現するなど、徐々に災害としての「震災そのもの」というよりも、それが人々の生活や考え方、コミュニケーションや関係性にどのような意味をもたらしたのかということが、語られるようになっていった。

その中で、二〇一四年の二月二二日、被災から三年目に放送された山田太一脚本のドラマ『時は立ち止まらない』（テレビ朝日）は、この変化を正面から捉えた衝撃作であった。長男と長女の結婚で「親戚」になるはずだった二つの家族。それが津波の襲来で、いっぽうの高台の公務員の一家は全員無事だったにもかかわらずもういっぽうの漁師の一家は長男も含め三人が犠牲になる。その「一瞬」が分けた明暗、災害への距離感だけでなく、その時点から「生きていく」ための、老若男女それぞれの喪失感を埋めていく「欠片」探しが克明に描かれる。

災害のインパクトは、直接的な「死」の数えられる大きさをもって語られることが多いが、実はその時空間を生き延びた人々の、心に残された傷跡の深さ・広さの問題のほうが深刻である。五年目（二〇一六年）の春に出版された『現代思想増刊号 imago 〈こころ〉は復興したのか』には、多くの精神医療や「こころのケア」に携わる多くの人々が寄稿した。それを読むと、ＰＴＳＤやうつ病のような症状がはっきり表れるところまでにいかずとも、「傷つき」あるいは「こころが弱る」感覚は、簡単に癒えるものではないどころか、さまざまな連鎖を生み出すことがわかってくる。

災害に遭遇した直後は、そのショックで「言葉がない」状況が続くが、「生きていく」過程で人は他者と交わり、その意味を確認しあうことを重ねていかざるを得ない。しかし災害による時空間秩序の崩壊は、言語の社会的な受け皿の消失であることに加え、その受け皿たる社会の基礎である関係性自体を生み出す手がかりをも混乱させる。それは、手の届くところにある身近なネットワークを「傷つけ」「蝕む」だけでなく、その延長線上にある政治的公共性のありようにも大きく影響を与える。

実際、東日本大震災当時に政権を担当していた民主党は、災害の事後対応において激しいバッシングを受けるにとどまらず、一部において「悪夢の…」と語られるほどのトラウマティックなシンボライズの洗礼をうける。そして二〇一二年一二月に政権に復帰した自民党総裁の安倍晋三は、自らの病気によって二度目の辞任をするまでの七年八か月の間、消去法的な支持としか言いようのない奇妙な安定基盤を築く。その背景には、国民の言葉が失われ、「こころが弱り切った」状態が連綿と続いていたのだ。「分断」で昇華されえない「こころの澱み」を「(自助的に)内面化せよ」と迫る大文字の政治の要求——そこに襲ってきたのが、出口の見えない「コロナ禍」である。間違いなくこの状況は、津波の経験から地続きにある。

2　カタストロフとユートピア

「言語化する」という行為は、対象から一定の距離を置くことで成立する。災禍の発生直後は、その出来事の輪郭の認識によって、自分が「渦中の人」か「外から傍観する人」であるかが仕分けられるが、時間の経過とともに空間が変化していくと、その境界線は入り交じり、複雑化していく。「言葉」の両義性は、その過程に生じる空白の埋草となるいっぽうで、対象の喪失が意味の生成を阻むことによりブレーキの役割も果たすこともあるのだ。

その意味で、災害の経験をカタストロフ(破局)にすべて結びつけてしまうことは、まさに短絡であるといえる。だがそうした意味の「切り詰め」を、我々がつい求めてしまうのには理由がある。ジャン＝ピエール・デュピュイの『ツナミの小形而上学』は、本来は二〇〇二年のスマトラ地震を受けて書かれたものだが、二〇一一年の七月にこの国で翻訳が出版されたというタイミングは、我々人類がそうした自らの「弱さ」に向き合う経験をし続けてきたのだという気づきを与えてくれた。デュピュイはリスボン地震、アウシュビッツやヒロシマ、九・一一のニューヨークそして「ツナミ」を列挙し、「破局」の解釈をつないで見せる。そしてそこには「悪」という形而上的概念の存在があることを発見する。

ヨーロッパ的伝統の中においては、「悪」は思考のネガとしての重いポジションを得ている。それは「秩序」の不在、「言葉」の不在を指し示すとともに、その対極にある「善（聖）」なるもの＝神の位置」の隠喩として機能している。ただしデュピュイは、その伝統を説くことをこの著作で目論んでいたわけではない。むしろ積極的にその形而上学性自体を批判の対象とする――それが「覚醒した破局論」である。破局を突然襲来する理不尽さ、無差別の非現実的なものとして諦めるのではなく、「未来」に起こりうるものとして、その身構えをつくろうと積極的に提案しているのだ。したがって「覚醒した（あるいは賢明な）破局論」は、分析的であり両義的な態度をとる。それによると「悪」がその犠牲を強いる領域は単純ではなく、まず大雑把に「自然」と「人工物」に分かれるが、そのうちの後者も「暴力」と「神」が為すもの（供儀）によるものに分かれ、互いに反転可能な関係に置かれる。いずれもそれらが個別の生に襲い掛かる際には、超越的な位置取りから力を及ぼす。デュピュイの分析の優れたところは、その超越性と秩序の関係に目を凝らす点にある。なぜならばその「秩序」こそが、本来我々に「言葉」を与えうるものだからである。そして二〇世紀以降、それは「思慮の欠如」として「屹立する全体」をなす（p.119）。彼はそれを「システム的な悪」と呼び、「聖なるもの」を偽装することを告発する。

「覚醒した破局論では、悪のシステム的な特徴を認識することは、私たちがとらえるべき好機をなすと考える」（同頁）――デュピュイのこの宣言は、悲観を排し両義性を言うにとどまっているが、未来を拓くという意味で、ユートピアの契機を指示するものでもある。ただしそれは「処方箋」でも「（具体的な）プログラム」でもない。とはいえ、それまでのあらゆる災厄にまとわりついていた「失語」を自明としていた我々の態度に一石を投じる意味で、東日本大震災後にまさに読まれるべき一冊となった。そしてここから我々は思考を始める。彼が言う「システム的悪」とは何か――この問いは、コロナ禍に際して大澤真幸が「神的暴力」の言葉をベンヤミンから引いたこと、それをモニタリング民主主義に引きつけて語ろうとしたことと、響きあうのである。

3　束の間のパラダイス

東日本大震災が発生したとき、すでにその本は日本の書店の棚に並んでいた――レベッカ・ソルニットの『災害ユートピア』（原題は A Paradise Built in Hell、二〇一〇）である。そしてそれは、惨劇の直後から立ち上がったさまざまな人々の「友情」「無償」「道徳的な行為」の集合態やネットワークに対しての、「名づけ親」の役割を果たすことになった。

ソルニットのアプローチは、ハリケーン・カトリーナ、サンフランシスコ大地震、ハリファックス爆発事故、そして九・一一のニューヨークなど複数の「現場」を結びつけ、それらに共通するものを浮かび上がらせるという点においては、デュピュイのものとよく似ている。しかしソルニットはそうした未曽有の事態を受け止める心理よりもむしろ人々の行動や社会現象に注目する。災害が起こると管理・権力の側にいる人々は「住民を危険な人たちであると決めつけ」「町は無法地帯と化し、集団レイプや大量殺人が横行」するとの先入観にもとづき、救援隊員や兵士を現場に差し向ける。しかしそこで彼らが目の当たりにするのは、それとは真逆の、無名の人々による無数の利他的な行為だったのである。

何がいったい人々をそのような行動に誘うのか。ソルニットはさまざまな事象に、そしてその出来事に立ち会った人々の言説に目を凝らす。すると絶望の中でも、蘇生の契機となるポジティブな行動が数多く語られている事実に気づく。それを彼女は「束の間のパラダイス」(p.20)と呼ぶ。そしてそれがなぜ長続きしないのか、まさにそれらがなぜそうして危機的状況において現れるのか問う。その過程の中で明らかになっていくのは、パニックや暴動といったイメージの方がむしろステレオタイプに侵されており、災害を冷静に認識し、立ち直ろうと前を向き、他者を助けようとするポジティブな意識の阻害要因になっている様相だ。

「災害時には、その渦中の人々と、遠くから理解しようとしている人々の、両方の心に生じる矛盾を受け入れる能力が要求される」(p.30)。しかもその関係は単純ではない――「渦中」と「遠く」は二分できるものではなく、被害の軽重、家族や関係者の状況、その他さまざまな条件によって

「…同じ町内や近所にすら、それほど大きな被害は受けていないものの、通常の生活を寸断されたはるかに多くの人々がいる」(p.30)、その姿が相互に不可視となる。そうなってしまう原因は、既存の秩序が保証してきた「遠近感」が停止することだ。そのことによって「秩序」に守られていた人々は不安を募らせ、逆に「秩序」から疎外されていた人々は、その制約から逃れるきっかけを得る。しかしそうした人々も「秩序」に牙を剥くよりも、むしろ自らの生を守るために連帯を求める――オルタナティブなコミュニティの存在に、光が当たるのはそうした訳である。

ソルニットはその状況を簡潔にまとめて言う。「災害が発生すると、それまでの秩序はもはや存在しなくなり、人々はその場で即席の救助隊や避難所やコミュニティを作る。そのあとに、果たして欠点と不公平だらけだった以前の秩序に戻すか、それとも新しい秩序――より圧政的なものかもしれないし、あるいは災害時のパラダイスのような、より公平で自由なものかもしれないが――を実現させるかどうかの闘争が生じるのだ」(p.30)。すなわち、「パラダイスに力がない」から継続しないのではない。災害が人々の行動を複雑にさせるのは、被災の中心からの距離に、さらに「秩序」の内にいるか外にいるかが掛け合わされるからであり、それが災害の現実と未来の希望への多様な像を出現させるのである。但しそれは、「ユートピア」への志向を明確に示しているとソルニットは考えている。

4　理想世界への目の高さ

ところで「ユートピア」という言葉もまた多義的である。トマス・モアによって命名され、決して存在しえない「理想郷」という語が一般にはあてられているその時空間イメージは、その描き手が認識する現実を、極めてダイレクトに反映している。

実はソルニットは「ユートピア」という概念を、諸手を挙げて歓迎しているわけではなく、その本質と特定の「語り」の中に表れる現象形態とを区別して、慎重に扱っている。「今日、ユートピアは窮地に陥っている。もはや、よりよい〝生活〟が可能だとは信じても、よりよい〝世界〟の実現を信じる人はほとんどいなくなった」（p.33）というその言葉が、ユートピアの微妙な位相を示しているといえよう。この現代の生きられる〝世界〟と〝生活〟のイメージの分離は、「それぞれの」ユートピアを可能にする。しかもそれらが「たとえ方向が間違っていても、自分自身だけでなく他の人々をも救済する」（p.34）性格を有し、「寛容」を旨とするだけに、権威・権力と権利の境界をあいまいにしてしまうのだ。

『災害ユートピア』の中でソルニットは、「戦争自体、一部の人々にとっては一種のユートピアである」としたウィリアム・ジェイムスや、「スターリンのユートピア」に言及したグレーバーを引きながら、それが仮に悲惨な「暴力」の行使に進んでしまったとしても、それは「夢を見る」という次元において、未来に対する可能性を志向する感覚を知った点で、市民には得るものがあったという――「何一つ成し遂げない革命はなく、多くは自由や公正性、次世代への希望を増加させる」

(p.36)。

当のグレーバー自身は、(その後著した『官僚制のユートピア』原題：The Utopia of Rules などによれば)もっとペシミスティックに捉えていた。この原題に表れているルール、あるいはマネジメントの前景化は、ユートピアを求める「夢」「希望」の主体がシステムに奪われている状態を示しているといえる。グレーバーが『ブルシット・ジョブ』や『負債論』などで展開したネオリベラリズム批判の文脈に従えば、現代社会を支配しているシステム・秩序の上下非対称性が、このユートピアに対する目の高さの違いを生み出しているのだ。

それに対してソルニットが抱く『災害ユートピア』への期待は、一見ポジティブで楽観にすぎるようにも思える。がしかし、必ずしも対立するものではない。というのは、そのきらめきが災害で秩序が失われたときだからこそ表れるからである。すなわちその秩序の内部で生活する日常それ自体が、災害性を帯びたものであるという認識が彼女にはあるのだ。ソルニットは兵士でもあった社会学者、チャールズ・E・フリッツの埋もれた論文に注目する。彼がその「災害学」において前提とした考えは「日常生活はすでに一種の災害であり、実際の災害はわたしたちをそこから解放する」(p.155)というものである。

この「救いとしての災害」の側面は、敗戦時にも通じる極限の秩序の崩壊状態を表している。こうした状況は、それまでの環境下で「慣習への隷属」「疎外感」(p.157)を強いられていた人々にとっては、改善のチャンスとなるのだ。この「災害」概念そのものの反転の可能性は、よりよきものへの志向という限界的心理を浮かびあがらせる。仮にそれまで既存の秩序の中で利益を得ていた人であったとしても、その枠組みが崩れると、災害の認識が媒介することで、「かつてそうではなかった他者」の存在に気づき、アドホックな共助のコミュニティの可能性が開かれる。

「自立と協力のバランスを取ることは、ユートピアンたちの目下の課題である」(p.38)――そこでは、かつてさまざまな立ち位置にあった人々が最悪な状況の改善というモチベーション、その一点において結びつくのだ。『災害ユートピア』がきらめくのが「束の間」である理由は、そのさまざまな人々の共視関係の脆さを表している。つまり災害が起こる前に、どのような「目の高さを持って」生活という対象を切り取り見ていたかによって、時間の経過とともに空間イメージの齟齬が拡大していくのだ。幸福感だけでは、活動は継続していくことはできない。ただし、参加者個々に刻まれたその経験は、その後のさまざまなコミュニティに播種されていく。東北のさまざまな現場で、神戸の経験者の姿を沢山見かけたのはその証だ。

既存の秩序の中心は、常に俯瞰の位置にある。それは地図に上から線を引いていくような外部者の眼差しを生み出す。そこには、自らをその空間の中に当事者として位置づける発想はない。「コロナ禍」において、秩序の長たる人間が、公助に先んじて自助を要求する発言をして物議を醸したが、そういったメンタリティは、そもそも災害の現場に立った視覚に根差していない。「風化」や「復興」に対するステレオタイプ化した直線的な物言いも、同様に極めてイデオロギー的な産物であるということがわかってこよう。イデオロギーが虚偽意識であると説かれてきたことの意味は、そこにある。

ユートピアへの志向は、そうした秩序と現実の間に立つ多様な人々を、互いに近づけていく力になるか――いくつもの事例を取材してきた結論として、ソルニットは明快に期待を寄せる。しかしそれには「災害」をリスクとしてだけでなく「別の社会を垣間見せてくれる」(p.431) チャンスとしても捉える「複眼思考」が必要だ。それが日常生活の災害性への気づきを与えてくれたときに、突破口になる。「災害」と「ユートピア」の関係はその意味では必然であるのだ。

5 『楽園をめぐる戦い』

ナオミ・クラインが提示した『ショック・ドクトリン』も、書かれたのは二〇〇七年だが、国内では二〇一一年九月に翻訳が出版され、東日本大震災との関係で注目を集めた。現実に発災から半年たった状況においては、生活の再建はコミュニティ単位の意思決定を超える規模を前提にすべき状況に至っていた。私がはじめて気仙沼を訪ねたときの印象もまさにそのようなものだった。がれきの撤去一つをとっても、また大型車両が入れる道の整備すらも公的な「力」なくしては、全く不可能である。そこに示された「惨事便乗型資本主義」という過剰かつ耳慣れない概念は、気の遠くなるような「復興」への道筋に対し、さらに気が重くなるようなイメージを与えた。

しかしこの著作におけるクラインの目線は、我々の不安とは少し次元が違うところにあった。彼女の目論見は、あくまで取材すべきフォーカス（視点）を秩序の側に向け、現代の「資本原理主義」

がいかにその「力」の論理を行使するかを観察することにあった。確かに［Disaster Capitalism］と称してはいるが、その多くの事例は政争やテロリズム、経済危機といったマクロなクライシスに照準しており、津波やカトリーナなどの自然災害もあくまでその範列に位置づけられているのだ。とはいえ、多くの事例を通じて本質を浮かび上がらせる手法を二つの著作が共有するがゆえに、『ショック・ドクトリン』と『災害ユートピア』は対偶に存在しうるコンセプトであることが見えてくる。つまり、災害は双方にとって「チャンスたりうる」という訳だ。特に秩序の側にいる方が、自らを危険に晒していない分それに対して自覚的に振舞え、有利だ——そこにこそ本当に恐ろしさがある。

そこでは「公共の利益」の解釈が駆け引きの主題となる。『ショック・ドクトリン』の事例にみられる、求める者に支援の手が回らなかったり、逆に排除や分断が強化されたり（「災害アパルトヘイト」（第二〇章）など）する現象は、「公共」の水準をどこに置くかをめぐるポリティクスにおける敗北の結果といえる。だからと言ってクラインはこうした悲観すべき経験だけを列挙し、読者を絶望に陥れようとしているわけではない。むしろ終章でその真の抵抗力の在処をはっきりと示している——「住民による自力復興」である。

二〇一八年に、クラインはその「抵抗」の実践編ともいえる著作を発表している——『楽園をめぐる闘い』——である。ハリケーン・マリアによって壊滅的な状況となったプエルトリコを舞台に展開する、新自由主義的政策に抗する団体の運動の中からのこの迫真のレポートは、ショック・ドクトリンを推し進めるコーポラティズム（資本主義的複合体）に対して市民による「複合的主権」、すなわち生活資源に対する行使権を自らの手の下におくことを求める主張を明確に示した点において、コンパクトながら正鵠を射る迫力がある。つまりこの「闘い」は我々の「共同性」をめぐるものなのである。

クラインはこの点において的確な指摘をしている。それは「ショック・ドクトリン」が「利用」するショック状態を四つに分けて検討をしている点である――その四つとは「悲観」「苛立ち」「絶望」そして「立ち退き」である（p.84）。前三者は災害がもたらす根源的な失語状態を表している。そこに共通するものは「生き延びるための負担」であり、そこに押し寄せる苦痛が、内面を苛むのである。被災者がさまざまな状況に対し「受動的」に見えるのは、このような「こころの弱りきった」、すなわち「自分が崩れないようにこらえるので精一杯」な状態にあるからで、そこに見かけ上の説得性が投げかけられることは、それについ身を明け渡してしまうトリガーとなる。それに対し「立ち退き」は逆に物理的にコミュニケーションが遮断される契機となる。いずれにせよ、言葉の問題がそこにはある。

このプエルトリコのケースにおいてさらに重要なことは、そこに「プエルトピア人」と呼ばれる「暗号通貨」で利益を掴んだ人々のリゾートとして（余暇の対象として環境を消費する）の「楽園」イメージが交差したことであろう。クラインの運動への関心が環境問題と近い距離にあるのは、そこには「生きる」ことの本質的な意味を問い直すチャンスがあるからだ。コーポラティズム、すなわち資本の「共同」が生み出す生産と消費の分断にもとづく金融ネットワークに、生きるためのコミュニティ（複合的主体）を対置させるという構図が、災禍を経た後に出現したことは、ユートピア、パラダイスという概念の多層性の顕れといえよう。コミュニティとは、コミュニケーションが媒介する人と人の関係性の現象形態である。クラインが飛び込んだ「現場」は、まさに資本と言葉（言語）がせめぎあう前線だったのだ。

6　ウィリアム・モリスが描かなかったこと

日常生活そのものが内に孕む災害性は、豊かさという仮象の下に疎外が進行していくという分断のダイナミズムを本質としている。資本と言語の記号論的相似性は、それらが人間の関係を結び／開くスイッチの役割をしている点にあるのだが、それはある意味「見かけ」に過ぎない。すなわち両者は、狭義の「災害」に直面したときに、各々のシステムを駆動させるエンジンが全体と個のどちらに、あるいは集中と分散のどちらに原理的に根差しているかを明らかにするのである。むろんどちらか一方が是であり、他方が非であると断罪するつもりはない。むしろ「災害」はその双方の関係を断つ出来事であり、ゆえに不幸な事態なのだということができよう。

その不幸は、また「現実」と「理想」が分断された状況であるということもできよう。言葉が失われ、機能が揺らぐときは、まさにその状態であり（ソルニットは後に『それを、真の名で呼ぶならば』で、主題とする）、だからこそ「思考する」という行為そのものがそれらをつなぐ役割を果たしていることを、我々は「災害」の現実から知ることができる。多くの「災害」が、あるいは日常生活も災害的側面を持つとするならば、そういった思考実験は、度々行われなければならない。例えば、災害から一定の時間が経過したのちに多くの「物語」が書かれるのは、それによって失われた言葉を埋めようという自然な衝動が働くからである。

ここでユートピアというまさにその「理想」そのものを対象とした思考実験の嚆矢を、ウィリアム・モリスに遡って見ることは、まさに一九世紀後半イギリスの状況（イギリス産業の世界市場における独占的地位の崩壊）を、災害性を帯びた日常の時代の始まりとして読むならば――単なる寄り道とは言えまい。一八八三年、モリスは当時国内唯一の社会主義団体に加盟し、その機関誌『コモンウォール』の編集者となる。既に装飾芸術家として名をあげ、「モリス商会」の代表として実業の地位も築いた彼が、講演や出版といった言論活動に力を入れるようになったのは、手がけた建築やレッサー・アーツ（小芸術）の仕事を通じて、彼の「ユートピア」を構成する要素――「クラフツマンシップ」「労働の喜び」を発見したからである。

モリスはその後二つのユートピア文学作品、一八八六～七年にかけて『ジョン・ボールの夢』を、そして一八九〇年に『ユートピアだより』を『コモンウォール』に連載し、刊行する。前者は五〇〇年前の一四世紀を、後者は二〇〇年後の二二世紀を、意図せざる結果迷い込んだ異邦人の目で描いたものである。しかしこのタイムスリップは、モリス自身にとっては全く異なる意味を持つ。『ジョン・ボールの夢』の舞台となる一四世紀は、彼自身の「理想」のモデルとなった時代を直接訪ねるものであり、そのアイデアの源泉を求める意味合いを持つ。それに対して『ユートピアだより』は、その原題［News from Nowhere］に表れている通り、まさしく「どこにもない」世界を記述することを試みている。しかも、随所に訪問者である「ゲスト」氏の「現実」との接続点が語られる——それは単なる「夢物語」ではないことを匂わせる。

このコントラストは二作品の間に、一八八七年一一月一三日の「血の日曜日（ブラッディ・サンディ）」と呼ばれた、トラファルガー広場における警官と軍隊による労働者の弾圧事件があったことを指し示す。『ユートピアだより』が描く物語世界は、同じトラファルガー広場での一九五二年の（もちろんモリスにとっては六〇年後の未来）流血事件という「災禍」を起点に展開する革命の結果、獲得されたものなのだ。そして、その世界の描写——特に徹底された「非資本主義的」日常は、単なる「理想」という言葉には収まり切れない、不思議さともどかしさがある。それは「ゲスト」氏とともに、読む者にもパラレルワールド的なリアリティを与える。

『ユートピアだより』が発表されてから一三〇年、この作品には、数多くの疑問や批判が差し向けられてきた。「労働」そのものが全て楽しいものになっているという設定がまずは受け入れられない。さらには「報酬」なしに、あるいは「貨幣」なしにどうやって一定の社会規模や人々の欲望や感情の安定が維持されているのか——そうした数々の疑問を留保し読み進めると、登場人物の中の世代間の意識差や、プライバシーの問題など、かすかな綻びの兆しが仄めかされ、いよいよ物語の核心に迫るかと思った祝宴の場面で、いきなり「現実」に引き戻され終わる。最後の一文はこうである——「もしもほかの人たちが、わたしが見てきたとおりのことを見ることができるならば、そのときは、それは単なる夢ではなく、ヴィジョンと呼ぶことができるだろう」。

『ユートピアだより』は、モアに代表される一般的な、合理的な管理と統治の、すなわち秩序の視点から描かれた「理想社会」ではない。というよりもむしろ大きな矛盾を孕んだままの、全体像（システム）としては「社会」が何ら描かれていない、不完全さをさらけ出しているのだ。しかしそれなのに、（カウンター）ユートピアの数少ない事績として愛され、多くの読者を得てきた。それはなぜなのか。その解釈の手がかりは、その多くの「読み手」たちにバトンをつなぐ最後の言葉——「ヴィジョン」が握っているように思われる。

7　二つの風景

『ナルニア国物語』を書いたC・S・ルイスは、一九六九年に著した『モリス論』で非常に興味深い論評をしている。わが国においてモリスの存在を広く知らしめた小野二郎は、それについてルイスの言う「風景は読者が与える」という一文を引き（『ウィリアム・モリス』、p.218）、その想像世界は決して夢幻的ではなく「事実に即すという性質がモリスの物語に確信にみちた醒めた雰囲気を与える」というのだ。

そう考えると『ユートピアだより』の最後の一節の意味がなんとなく見えてくる（『ジョン・ボールの夢』も同様に唐突に「夢」が打ち切られる）。この切断は、ファンタジーと「現実」との界面であり、その違和感が書き手と読み手のコミュニケーションをつなぐのだ。

　それにしてもルイスはなぜそのように言い切ったのだろうか。ここに実は『ユートピアだより』を現代の『災害ユートピア』に接続するポイントがある。すなわちルイスは、モリスの文脈には、かつての絵画として描かれる対象に止まっていた平面的な「風景」観はないと言ったのだ。逆に言えば、モリスは読み手がただ享受するだけの「理想」を提示する気はさらさらなく、「要素」を列挙し、それを辿っていけるように道筋をつけていったのだといえる。まさに『ユートピアだより』が、次々と訪れる出会いから零（こぼ）れ落ちるヒントを手掛かりに、「ゲスト」氏とともに読者が想像を膨らませていく物語として叙述されているのは、その「仕掛け」なのである。

　そう考えると我々は、「風景」という言葉に二つのイメージを抱いていることに気づかされる。一つは俯瞰を認識の枠組みとしたランドスケープ、すなわち旅人の、あるいは高台から見下ろし町全体を捉えるような、パノラマ的な距離を持った対象への態度であり、もう一つは自身を取り囲む三六〇度を見上げ、見回す――見ることによって自らの位置を捉えかえすエコロジカルな眼差しである。モリスが提起した「ヴィジョン（視覚）」の問いはもちろん後者のものである――それは喜びとしての――疎外されざる労働が、彼の物語の主題となっていたことを考えれば、疑いのないところであろう。

第三節　風景とコミュニティ

1　渦中にいる者と外から記述する者

日常生活を奪われる、あるいは傷つけられる状態として、我々はよく災害と戦争を並べて想起する。東日本大震災のあとでも被災各地で、そのような語りが多く聞かれた。戦争はある意味、一〇〇%人為による災害であると言ってもいいかもしれない。一見自然災害に見える出来事にも、背景にはさまざまなかたちで人為が絡んでいる。というよりも、福島第一原子力発電所の事故を思えば、この人為はグラデーションを成していることがわかる。

ソルニットが指摘した「日常生活の災害性」を「災害の潜在性」と読みかえるならば、それは我々の社会の構造そのものが抱え込んだ問題であるといえよう。そしてその根底には、一般化していうならば、認識主体と認識対象、そしてその対象と主体との関係がおかれる環境（時空間配置）の「距離」あるいは「頻度」などのファクターが抱え込んだリスクがある。

その様相は多様であり、個別性が高いのだが、実はそれこそ我々はそれに対して日常的に、自身が当該事象の「内」にいるか「外」にいるかというバイナリ的な識別を「無意識」に行っている。この「無意識」がどのように形成されるのか――その手がかりを、度々本書で問うてきた「風景」の生成と消失のダイナミズムに求めることはできないだろうか。というのも、生活の崩壊・変質と顕勢化／潜勢化は、風景のそれと同期しているという気づきが、これまでのさまざまな危機にまつわる経験から与えられているからである――もちろん自粛の緊張と弛緩を繰り返す「コロナ禍」の都市風景も含めて。

仮に、「風景」はアプリオリにそこにあるものではないという命題が正しいものとしよう。すると、それを反転させるならば、「風景」は同時に、痕跡を残さずに消えきってしまえるものでもないということも言える。とするならば、そこに存在し認識しうるさまざまなことがらから、「風景を成す瞬間」というものが想定できるのであり、そこでは風景から零れ落ちるものも、同時に生まれてくるはずである。すなわち「風景の喪失」は、単純に津波のような物理的な破壊現象によるものではなく、signification（意味作用）のレベルで起きていると考えられよう。そう思って周囲を見渡せば、風景に組み込まれるものとそうでないものの振る舞いを、構成素単位で見ていくことができるはずだ。

オギュスタン・ベルクの紹介者の一人であり、環境の哲学を志向する木岡伸夫は、『風景の論理―沈黙から語りへ』において、このプロセスの記述に弁証法を当てはめた概念構成を提示している（p.53-55）。

この図式の極めて興味深い点は、風景の生成を「個人の社会化」過程に対応させているところである。木岡は「風景経験の展開」（上段）が、各々固有の「構造的契機」と対応する、すなわち動態と構造が織りなすダイナミズムとして風景（形）―景観（型）間の揺らぎを説明しようと試みている。

第２―２表　木岡伸夫による風景概念の構成（作図 水島久光）

【Ⅰ】個人における展開	【Ⅱ】個人から集団への展開	【Ⅲ】集団から個人への展開
（１）基本風景	（２）原風景	（３）表現的風景

「基本風景」「原風景」「表現的風景」と各々名づけられた三つの契機は、おそらく先に述べた「風景を成す瞬間」にあらわれる形（型）の組織化の原理と理解することができよう――「記憶の中の風景は、一般に多数の心的イメージの重なりや融合から生まれ、多様性を孕む動的な形象である。しかし、記憶が特定の土地に結びつくとき、多種多様なイメージは一つに統合され、土地の全体像を形成する」(p.51)

しかしこの多数性、多様性は無作為かつ乱雑に散っているわけではない。そこには複雑性を縮減する一線が引かれる可能性が担保されている。それは、認識主体が、対象を取り巻く圏域の「内」にいるか「外」から眼差しているかを分かつ、境界の可能性である――この解釈は極めてオートポイエーシス的である。木岡が範としたベルクの『風土学序説』でも、マトゥラーナとヴァレラ（『オートポイエーシス』の著者）は参照されていたが、この動態を記述する自己組織論が「観察者」の存在を要点に掲げていたことは実に興味深い。

2　「風景」の記号過程

こうした「風景」のダイナミズムは、存在論と認識論を架橋する可能性を有する――すなわち弁証法的であると同時に「記号論」的である――パース的な三項で語る方法を採っている点にも、何らかの関連があろう。

先に示した「風景」の三項のうちまず「基本風景」は、「言語的以前に即自的に生きられる風景」であり「原本的・第一次的（前人称的）な性格」を有している。言い方を変えるならば、それは風景を構成する以前の「前風景」というべき、無自覚にその人を包みこむ「環境」である。木岡はこのモメントを風景化の最初の契機として捉えている。そして我々が日常語的にも用いる「原風景」は、集合的に語られる「共同の言語行為」とともに生起し、さらに再び個人の次元に戻り（ここで言う個人は、社会化を経た個人であろう）、そこに一般的に我々が「風景」の名で呼ぶものとしての「表現的風景」を位置づける。これは近代のイデオロギー的産物として（そして、美学的な「風景論」の出発点としての）の「絵画的風景」である（p.56-57）。

とりわけこのモデルが、より具体的な「風景」論の核心に近づく期待を抱かせるのは、三つの契機を結ぶものとして、「言語」的経験を置いている故である。このあたりの解釈はパースの記号の三類型——さらにそれを発展させたブーニューの「記号のピラミッド」を想起させる。特に「基本風景」「原風景」「表現的風景」の三契機が、〈上昇〉〈下降〉の相反する過程を同時的に生成させることへの着眼は、「記号のピラミッド」が、未分化な一次過程的な指標の世界と分節された二次過程的な象徴の世界を往還する「意味の動態」の記述モデルである点に相応する。この指標を基底とし、類像、象徴と上昇／あるいは下降する意味の形成と解体の往還は、トマセロが言うところの「指差し」と「言語」の生成のダイナミズムに相応する。しかもその媒介項を集団によるイメージの重ね合わせが担う点は重要である。

「風景」が果たすこの機能において、重要な役割を果たすのが「中景」的な位置づけを担う「原風景」である。木岡はその共同的言語経験に即した顕れについて、次のように言う。

> 多くの場合、原風景は〈失われたもの〉として語られる。〈失われた原風景〉という主題は、それが現在において語り出される物語であることを証拠立てている。ただし、主体が現在の時点で原風景を意識して語り出すとき――とりわけ文字言語に訴えるとき――そこに〈私の物語〉という性格が付着する。このとき原風景は、匿名状態を脱して、個人の責任における「表現的風景」への道を歩み出す（p.128）。

すなわち「原風景」は二重のパラドックスの中にある――まずは時制の、そしてもう一つは人称性の。特にこのサイズにおいては、「風景」に映り込む「人の姿」が重ね合わせの基点となる――映像の中の入り込みうる「私」と映像を見る「私」――複数の「私」と背景が重なり合い、語られることばは指標記号から象徴記号までを任意に〈上昇／下降〉する。

こうした「風景」の記号的ダイナミズムは、「新しい歴史学」を探究し続けるアナール学派の第二世代の中心人物の一人であるアラン・コルバンの仕事にも見出すことができる。インタビュー形式で記された『風景と人間』において彼は、「風景は諸解釈の錯綜である」（p.11）と定義づけ、さまざまな立場（集団）の空間の環境としての関係性、あるいは単なる旅行者なども含む「他者の侵入」

によってもたらされる固有のイメージ体系の交わりが、いわゆる評価・解釈の複雑さを生み出すという。この認識を踏まえるならば、「風景」、特に「ひとと環境」がはっきりと同じスコープの中に映し出される「原風景」は、その「錯綜」そのものが読みとれる点でメディア的であるということができよう。

「渦中にいる者と、外から記述する者」の対立を乗り越える契機は、この「錯綜」そのものの中にある。例えば「原風景」が「表現的風景」にいったん昇華し、それが再び回帰してくるという経験は、例えば映像の時代に生きる我々にとっては、その自明性とともに時空間を解釈する「文法」としてすっかり血肉化している。「カメラは誰かの目の代わりをしている」――その「誰か」はもしかすると自分かもしれない。そうした想像力が喚起される契機を映像の中の風景は教えてくれる。風景の論理をメディアが創出する距離の中に読む行為を考えれば、とりわけ映像は記録（アーカイブ）として残され、空間のみならず時間的隔たりも媒介する資料となる。「共視対象として映像」と「風景のダイナミズム」の交点――それを探る旅の途中には、少々「歴史学」への寄り道があってもいい。

3　心性史の概念装置を整える――A・コルバンの冒険

記録群＝アーカイブを支える理論として、『アナール』学派の仕事に期待する声は以前からあった。しかしそれはいわゆる「社会史」の草分けという思想史的位置づけをめぐるもので、その方法論に深く分け入るものではなかった。学派の実体、すなわち雑誌『アナール』は、一九二九年の創刊以来「新しい歴史学」を求める実に多様な人々の関心を集めてきた。それでも、一九七〇年代後半の「歴史学の危機」以降は、その散漫さに自覚的に振舞う動きがみられるようになった。一九八六年六号の特集「批判的転回」においてそれははっきり示された。創刊者のリュシアン・フェーブルと盟友マルク・ブロックのパースペクティブの違いに検証の目が差し向けられたのだ。

アラン・コルバンは当時その「危機」を、フェーブルの「生きた個人を土台」とする思想に回帰することで、歴史学の可能性を再び新たに拓くチャンスと捉えた一人である。一九九二年の小論「めくるめく輻輳——名前なき歴史を素描的に展望する」(『浜辺の誕生』に所収)で彼は、「リュシアン・フェーブルの顰(ひそ)みに倣(なら)って」とのタイトルを携え、「感性の歴史(感情生活の歴史)」の宣言をする。その内容は「心理の集合性を複数のシステムの輻輳として記述すべし」というテーゼ、そしてその実現のために「規範的な態度」への従属よりもむしろ、「対象の不確かさ」「名づけることの不確かさ」という「乗り越え難い障害」に誠実かつ謙虚に向き合う必要があるとの訴えであった。

さらにコルバンは具体的に「歴史の作法のいろいろ manières de faire を簡単な目録にまとめてみる」(p.550) こと、あるいは「過去の世紀のそれぞれにぞくする人間たちがどんな『精神的用具 matériel mental』を持っていたかを調べ、リストアップすること」(p.554) を方法論として掲げる。こうした、「特定の時代がえがきだす思考の可能性の範囲と経験可能性の範囲を、えがきだされるままに画定してみること、これがつまるところ研究の最終目標となる」(p.554) との積極的な言明は、別のインタビューの「(フェーブルは) 使えそうなものを見つけるためには、歴史家はいわば捕食者のように人文諸科学のテリトリーの上空を飛行しなければならない」(フランドロワ編『「アナール」とは何か』、p.278) の発言とともに学際的態度に裏付けを与えるものと言えよう。この目録作り＝リストアップこそが、フェーブルが目指した「問題提起の歴史」(フェーブル『歴史のための闘い』、p.83) の方法だ、ということになる。

そうなるとここでは、目録の対象となるべき「精神的用具」とは何かが問題になろう。コルバンは――「表象」と「分析のレベル (日常や個人への注目)」をひときわ重要視する。これらの概念が含意する媒介性が、ミクロな振舞いが社会史として記述されることへの傾注の方法的不可避性を担保し、かつ利用すべき史料 (資料) の範囲を拡大させたのである。まず「表象」について彼は言う。「社会的イメージの世界に捧げられた理論的著作とすべての業績、社会的イメージの世界という観点から現在行われている政治史の読み直し」が必要だ、と (「めくるめく輻輳」p.572)。そして「日常」「個人」の観点については「とくに価値のある原史料として、家事日記、信仰日記、旅行日記、療養日記、私的な日記、記念帳、備忘録などの自己記述、もっと一般的な史料として、内省や告白などの手順にかかわる文献がそろっている。ほかにも、手紙、自伝、とりわけごく普通のひとびとの自伝がある」と列挙する (p.580)。いわゆる公文書のカテゴリーだけを頼りにしていては目の届かない、「見えないもの」への関心が、コルバンの方法論をささえていた点は重要である。

コルバンは一般に「感性の歴史家」と呼ばれているが、単に多作であるだけでなく、題材が多岐にわたることでも知られている。しかしこうしてみると、一見多方面に散っている関心も、その方法論に従った星座的布置（constellation）を形成しているように見えてくる。彼の著作の主題は、認識と思考を支えるシステムとその構成素に分類することができるが、「風景」はその代表的な集合的概念であり、「音」「におい」「快楽」「恐怖」「沈黙」といった感覚要素が、それを構成するものとしてクローズアップされる。それらは「風景」あるいは「村」などの時空間的まとまりに事象を包摂するフレームに、対置あるいは取り込まれるものとされ、そこには遡及的に「人間」というもういっぽうの極が措定される。人間もまたもっぱら職業的あるいは集合的に描かれる（「娼婦」「英雄」「木靴職人」など）が、その基点はあくまで個人にあり、「精神的用具」を多様に備えた集合体（意味の塊）として描かれる。

ここに対照されるシステムと構成素の関係が、コルバンの各著作には入れ子的に編み込まれている。それは映像が対象を捉えるときのカメラワークと編集の関係に喩えることができよう。つまりコルバンの研究の題材群は範列的に広げられたものではなく、それ自体がネットワーク的な再帰構造を有しているのだ。そして「表象」と「個人」への眼差しこそが、個々の構成素をつなぐ役割を担う。そして「表象」自体に秩序立てられた「五感のヒエラルキー」（「めくるめく輻輳」、p.573）が、「個人」の知覚を規制し、「行動様式を規定するようになる」（p.582）。そしてそれが再び「表象」に読まれうるものとして織り込まれる——すなわちコルバンが丁寧に解説していることは、メディア論的なダイナミズムなのである。

4 「風景」のダイナミズム——書かれざるものと資料の関係

残念ながら、コルバンの主たる関心は、一八世紀～一九世紀の、近世から近代に社会が編成されていく過程にあり、そこには今日的な意味でのメディアは表れてこない。しかし彼の代表的なシステム・カテゴリーである「風景」は、十分にその機能に対応するものとして措定されている——「風景というものはイメージの送像機であり、風景から送り出されるイメージ群を利用すれば、意識的な領域から無意識的な領域へと滑らかに移りゆくことができる。また場所—分析（トポ—アナリーズ）からは、感受性の反応をひき起こすさまざまなシンボルがうみだされる」（『浜辺の誕生』、p.544「方法をめぐるノート」）。

コルバンにとって「風景」は、多領域に広がる彼の仕事を「束ねる」役割を果たしている概念だが、特にそのフレームがものごとに意味解釈を与える機能は注目すべきである。そうした機能総体を彼はしばしばシステムと呼ぶ、それは歴史学を成立させるための重要な道具立て（メタ次元の「精神的用具」）の一つであると主張する。しかしコルバンは「風景」に特化した理論家ではない（道具立ての一つにすぎない）。その点においては、同じく「風景」に関する多くの著作を持つ地理学者オギュスタン・ベルクとの比較は意味があるだろう。

和辻哲郎の『風土』を écoumène の語に当て、通態的に環境を捉える概念として措定したベルクは、風景をその自己言及的な形成原理として考えている——「風景は風土〈エクメーネ〉的な動機〈モチーフ〉であり、それに固有な要素（lgS）とその表象（lgP）で構成される」（『風土学序説』、

p.281）——ベルクもコルバン同様、学際的な援用を積極的に行い、ダイナミックな動態の中にこの概念を位置づけているが、それを具体に寄せて存在論的に捉えるベルクに対し、コルバンは認識論的に扱おうとする。そのあたりが彼をして「感性の歴史家」と言わしめている所以であろう。あくまで主題は「こころ」の方にある。

歴史家の仕事は、運動と、それが現れる関係性を記述していくことである。この命題をフェーブルから継承したコルバンは、それを諸システムの相克として表そうとする。その中でも「表象システム」と「評価システム」との間に生じるダイナミズムに彼は注目した——「風景」はその後者の側の主要カテゴリーといえる。「風景とは、必要とあらば感覚的な把握の及ばぬところで空間を読み解き、分析し、それを表象するひとつのやり方、そして美的評価に供するために風景を図式化し、さまざまな意味と情動を付与するひとつのやり方なのです。要するに風景とは解釈であり、空間を見つめる人間と不可分なのです」（アラン・コルバン『風景と人間』、p.10-11）。

コルバンは時代によって変化する「風景」の認識、すなわち「空間の解釈」を探求するために、その空間を構成する対象に注がれる感覚（視覚に止まらない——むしろコルバンは、聴覚や嗅覚の対象を重視する）の再構成を試みる。そこにおいて表象（例えば絵画）は、その感覚に接近する重要な資料に位置づけられる。しかしそこに全てが含まれているとは考えない。逆にそこから零（こぼ）れ落ちているものを数え上げ、欠けたピースを埋めるための痕跡を、あらゆる可能的な資料（実地踏査や自らの身体感覚も含め）に求め渉猟するのである。

この探究過程における見えないもの、書かれざる（描かれざる）ものへの注目こそが、コルバンの方法の核心であるといえよう――「いずれにせよあらゆる歴史と同様に風景の歴史も、専門家たちは絵に描かれた、あるいは文字で書かれた痕跡に依拠して研究を進め、言われていないことや書かれていないことは感じられなかったことと等しいと想定する、という事実によって限定されています。ところが人間は多様な情動や感情を表現する手段がなくても、あるいはあまりに平凡なので表現したいと思わなくても、そうした情動や感情を感じとることはできるのです」（p.18）――こうした取るに足りない感覚の欠片、その集積によって成り立つ空間と人間の日常的な関係、それこそが「風景」の名のもとにコルバンが抽出したかったものである。それは私がここまでの作業で問い続けてきた「生活」と呼ぶしかないことがらの集積体と重なる。

5　「生活」を構成するもの――(1)「浜辺」の場合

コルバンの「風景」のシステムイメージは、さらに上位の概念（社会）の中であるときは対立し、また相互に媒介・干渉しあう要素をもって成立する――「表象」と「評価」両システムのその動態の記述についてコルバンは拡張した資料群の再構成を通じて浮かび上がらせるという実践的方法を試みている。ここではその例を二つ上げ、そこにいかなるものとして「書かれざる（描かれざる）」対象の姿（ここでは「生活」）を見出していったかを簡単に辿ってみたい――まず「浜辺」から。

『浜辺の誕生』は、多作で知られるコルバンの中でもおそらく最もボリュームのある作品の一つである。邦訳の序文において言う——「海水や浜砂に体で触れてみたいという欲望が消えたままかくも長い月日が流れてのち、なぜ西欧の人間たちは自然をかたちづくる四大（水、土、空気、熱）が接するあの領域（テリトリー）に—改めて—魅惑を感じはじめたのか」（p.2）。本書を貫くこの問いに、日本語を用いて思考する我々は、まずもって強い違和感を覚えるだろう。この問いの前提をなす西欧人の「海」に対する余所余所しさや畏怖は、我々の無意識的な了解には届かないところにあるものである。

そもそも、本書の原題として『LE TERRITOIRE DU VIDE（空虚のテリトリー：領域）』が選ばれたことに驚く。「海」の豊穣は西欧人にとっては自明ではなく、そこは（特にコルバンが主たる関心を傾けた一八～一九世紀においては）、新たなイメージが埋め込まれるべき空白地帯であったのだ。したがって、本書の文脈は一貫して「海」に注がれる他者の目を中心に「再構成」されていく——ツーリズムと旅行者の誕生、そして彼らが「表象」する絵画や文学が、どのようにしてロマン主義と港の活気、そして保養という価値観と接続し、次第に「リゾート」としての社会空間が実態として整備されていく——彼は、その痕跡を時系列で積み上げていく。

圧倒的な筆力に引き込まれながらも、徐々に当初の違和感の正体が見えてくる。外部者からの眼差しではなく、もともとそこに住む人々の空間認識はどうなっているのか。コルバンは「海岸の民」の存在を決して忘れているわけではない。しかし彼らの心性は、彼ら自身のものとしては記録に残っておらず、まずは特定の環境に含まれる「描かれた（書かれた）」対象として現れるのである。最初は実態調査の対象として。そしてやがてそれは旅行記や田園詩的叙述の中に（第二章）。「海岸の民にむけられたまなざしは、変容を遂げるなか、やがて、風景に目をとめる旅行者のまなざしと絡み合う。このふたつのまなざしからさまざまなイメージ、図式、行動様式がうみだされ、それらはたがいに重なりあい、いれ替わり、結ばれあう」（p.415）

その中で「海岸の民」はどう位置付けられるのか――それは、旅行者の前で「語り部」として、「空間に結びついたさまざまな物語」をもって「海岸という領域の定まりのない空漠としたありさま」を埋める存在として位置づけられるのである（p.428）。このあたりの記述は、「風景」というフレームの中で、築き上げられる「日常＝生活」のダイナミズムをよく表現している。それは端的に言えば他者の存在を介した――すなわち「砂丘と海のはざまで社交の端緒をなす人的結合が再編されていくプロセス自体の、「まなざしの再帰性」なのである。

6 「生活」を構成するもの――（2）「森」の場合

「浜辺」は「その場所に住まう民」にとってもともとは、俯瞰的な空間認識の対象ではなかった（むしろ時間によって秩序づけられていた）。それは他者との人的交流の中において形づくられていくものとコルバンは見なしたのだ。

その発見を、それまでの歴史の方法を逆転させる実験的なアプローチによって、対象を広げ、確認していった仕事が『記録を残さなかった男の歴史：ある木靴職人の世界…1798-1876』である

――「個人として、一度たりとも記述の対象になったことのない人間、ひとことで言えば、戸籍簿上の表記以外に、何も残さずに消え去った人々の大半について、何を知ることができるのか」(p.2)――この問いは、「生活」という対象の抽出のアポリアをそのまま隠さず表明している。

コルバンはそれに実に愚直な方法で挑戦する。「バラバラの断片からパズルを組み立てる」(p.12)、すなわち複数の記録に偶然現れた特定の人物の痕跡を想像力によってつなぎあわせる作業を重ねることである。その人物は誰でもいいというわけではない。まず「古文書館の『文献カード』にも入っていない」可視性の欠如した自治体を選ぶ。そして偶然に身を任せる。その結果二人の候補が上がる。彼はより長生きしたほうを選ぶ――そうでなければ「このゲームのおもしろい部分はすべて失われてしまうことになる」(p.17)。

こうした名もない個人にフォーカスを当てるアプローチは、同時期にやはり「新しい歴史学」として注目を集めたギンズブルグの「ミクロストリア」としばしば比較されるが、コルバンは自らの目論見がそれとは異なることをはっきりと言う。ギンズブルグが『チーズとうじ虫』で粉ひき職人に対する異端尋問を掘り下げたのは、個人に内在する精神世界を微視的に描き出すことにあった。それに対しコルバンは「取るに足りないような痕跡をはめこみ、選び出した個人を確実に取りまいていたものを全て描き出すこと」(p.14)を目的とする。すなわち彼の外に広がる時空間全体(システム)の捕捉を目論むのである。

したがって選ばれた男(ルイ＝フランソワ・ピナゴ)は、あくまで「道具立て」の一つにすぎない。とはいえ、他のさまざまな要素との関連性（リンク）を可視化させるための基点となる極めて有力な「道具」なのである。『浜辺の誕生』においては、客体としてアプローチするしかなかった「その場所に住まう民」がここでは名前を持った主役となる。そして戸籍に謳われた微かな痕跡が、その「普通」のありようを描き出す「暗示」の手がかり、情報のノードとして働きだす――「それは森に生きる人で、運搬業者の息子、赤貧の木靴職人で、ベレームの国有林のはずれに住んでいた。私はすでに、彼の身長（一メートル六六）、彼が生活していた場所、結婚していたかどうか……を知っている」(p.18)。

注目すべきはその「事実」と結びつけられる情報である。ピナゴが生きたベレームの森は、革命後の荒廃につづき、開発と森林資源の再整備が押し寄せる。木靴づくりを生業とする男はその「風景の変化」の中を生きる。それは単に経済的な側面に止まらず、この地域の公文書に正確に記録された、信仰やコミュニティの行事など文化的なことがらを含むあらゆる変化との関係性を想起させる――「ベレームの森の中では、孤独と社交、静けさと喧噪が相対している。土地を十分明瞭に整備し、芸術的にさえし、人間的に開化することと、森の境界で自己主張をしてきた野生の動物性の名残りとが対立するのである。なんといっても森の境界は、あらゆる種類の相互浸透が常に可能な場なのである」(p.33-34)。

ここにおいて「浜辺」と「森」といったテリトリーが「風景」として立ち上がり、「普通の生活」が表象／認識される場として見事に対象づけられる。それとともに我々は、こうしたアプローチによって記述される「生活」が決して人類史において普遍的に存在していたわけではなく、近代社会が生み出した、歴史的に特殊な概念であるということを知るのである。

7 「表象」と「想像力」の界面

こうしたアラン・コルバンの仕事は、単に歴史学という伝統的ディシプリンの改革に止まらず、デジタルアーカイブという新しいメディア環境における認識の理論に、手がかりもたらす可能性を有している。

もともと、コルバンの仕事に用いられた史料（資料）は、比較的オーソドックスなものであった。『浜辺の誕生』は、文学やさまざまな既存の研究書そして図版が、『記録を残さなかった男の歴史では』特に公文書館に所蔵された資料がそのベースをなしている。しかしそれらはあくまでネガであり、そこで「暗示」されるさまざまな「解釈」は基本的に「書かれたもの（表象）—書かれざるもの（評価）」の対称性の中に置かれるべきものである。デジタルアーカイブも、「アーカイブ」の拡張語である以上、その範列にあってしかるべきである。問題は、この対称性にある。我々は、デジタルな記憶の集積体をそこに差し向ける現代の「評価システム」として、さらに「風景」と「生活」の関係を検証しなければならないだろう。

一九九三年一月の来日の折に開催されたセミナー「歴史・社会的表象・文学」（『時間・欲望・恐怖』に所収）でコルバンは、会場からの「社会的表象」と「社会的想像力」の対置に関する質問への答えとして、組織化されていない断片的な原資料として表象を読む方法に——「アルシーヴ（アーカイブ）」の概念をあて説明をする（『時間・欲望・恐怖』、p.341）。アルシーヴは「同質の表象システムをもった人たちによって書かれたもの」の集積を言うが、歴史家の分析には、いかに異質なシステム間を横断して、それを組織化し解釈を施すかという困難な課題が求められるとコルバンは言う。このあたりはフーコーのアルシーヴ概念（「諸言表の形成およびその変換に関わるシステム（『知の考古学』）」）とも重なるところである（コルバンは「めくるめく輻輳」においても、積極的にフーコーを評価している）。

その分析の対象が「社会的表象」である。コルバンはそれを「五つの要素」（一．科学的な信念 二．宗教的な信念 三．感情生活の構造 四．私的な体験に根差したもの 五．各個人の社会的な状況（p.336））、「三つの分析の段階」（一．社会的表象の生産 二．社会的表象の流布 三．社会的表象の作用形態（p.338））、最後に、分析に必要な「四つの手続き」（一．いろいろな領域の社会的表象の内容を分析する 二．（それらの）形成の条件を探る 三．その一貫性を支える（システムとして成立させている）原理を見つけ出す 四．社会的表象が定着していく様態（どのように内面化され組み込まれていくか＝根づき方）の合成概念として定義する（p.339-340）——ここに彼が言う「苦労して資料をかき集め、再構成を試みる道具立て」の目録を見ることができる。

今日のデジタルアーカイブは、こうした「表象システム」と「評価システム」との界面をなす位置にある。特に「風景」という概念に、注目するならば、それは数々の「書かれたもの（描かれたもの）」を介して「そこに住まう民」と旅行者や経済的介入者などの「外部者」の眼差しの交わりを浮かびあがらせる装置としてみなすことができよう。とりわけデジタル化によって扱いうる資料が文書から視聴覚的なものに拡張された現代において我々は、写真から映画、そしてラジオ・テレビと連なっていく一九世紀後半から二〇世紀後半の一〇〇年に至る視聴覚空間の展開に、「風景」の様相を確認していくことができる。

少々「迂回」に見えたかもしれないが、ここまでコルバンに従って、「生活」と「風景」との——すなわち民衆の存在様態と認識のフレームの重ね合わせがいかに可能かの——節合のアプローチを探ってきたのも、デジタル化によってその作業体験に（コルバンのような名人芸に依らずとも）容易に近づけるようになったからである。とりわけ映像資料は、それ自体が被写体と、撮影者、そしてそれを見る人との視線の交錯、空間のオーバーラップのメタ表現を成しており、また時間をおいてそれを読み解くアーカイブの「技術的フレーム」は、「メディア」という表象のシステムの解釈に、「風景」という評価のシステムをあてがってみせる場となる——ここにおいて我々は、ソルニットが示唆したユートピアと災害の関係のグラデーションを析出する下ごしらえができた、という訳だ。

8　視界の際とドキュメンタリー

津波が押し流した港町の「生活」を、私は、映像の記憶を携えて歩くことによって、船の生態系の「風景」としてなぞることができるように至った。そして、その時点で決定的に欠けていたものが何か、デジタルアーカイブやさまざまな思索との出会いで、一〇年経ってようやく見えてくるようになった——それは、「その場所」で実際に「生活」をする「人々のリアルとの出会い」だった。「風景」映像を構成する「まなざしの交錯」、その記号過程は、まず「写される人」と「映す人」の二項に始まる。そこに出来上がった映像を、第三者的な別の場所において「見る」人の眼差しが加わることによって（それが第三項になることによって）、ようやくその場に生成される意味は動き出す。『嵐の気仙沼』から『がれきを踏みしめて』『気仙沼の人びと』と連なるアーカイブ的に重ねられた映像の鍵は、実はその地に生活する人々との折衝を任された若い女性ディレクター（久保志穂）の存在が握っていた。『嵐の気仙沼』では全くの陰の存在だった彼女が、続編ではカメラの向うとこちらを往復するようになった。そこで初めて、画面上にコルバン的な輻輳が出現するようになったのだ。

自身が長くドキュメンタリーのディレクターを務めた七沢潔は、NHK放送文化研究所に籍を移して以降は、桜井均、東野真らとともに、こうしたテレビ制作者たちの行動研究に力を入れるようになった（その成果の多くは『テレビ・ドキュメンタリーを創った人々』に収録されている）。この「制作者研究」は、スタートした当初（二〇一二年）は、既に多くの人に知られた放送史を彩るレジェンドを取り上げていたが、徐々にそのトーンに変化が表れるようになっていく。テレビ番組の制作という行為が本質的にコラボレイティブであるという彼らの経験に刻まれた実感が、研究的視線にも伝播していく。その先鞭をつけたのは、桜井均であった。吉野兼司というカメラマン（二〇一三年）、鈴木良子という編集者（二〇一五年）を論じたことによって、ドキュメンタリーは単に映像としてスクリーンの平面に表象されるものに止まらず、そこに「仕事場（制作現場）」という空間が浮かび上がるに至った。

その流れを受けて、七沢潔が追ったのは伊藤孝雄というカメラマンであった。二〇一九年から始まった「制作者研究」の〈地域にこだわる〉と名づけられたシリーズ（『放送研究と調査』に連載）、その第三回（二〇二〇年二、三月）にその論考は掲載された。七沢は伊藤の仕事に「カメラマンが主導するプロジェクト」（前編、p.19）であるという特徴を見る。特に同じ現場を映し続ける連作（『イナサ〜風と向き合う集落の四季』（二〇〇六）に始まる「イナサ」と呼ばれる「南東風」を題名に掲げた六作の作品群（〜二〇一九））における、彼の眼差しと映像、それを裏づける言葉に、彼の仙台市太平洋沿岸地域の人びととの関係性を見出す。

この論考は、震災遺構となった仙台市若林区荒浜小学校の「『イナサ』オンデマンド」のエピソードを論文のプロローグとエピローグに置き、仮説の提示（前編、p.18-22）〜前史：伊藤の「方法」の形成過程（前編、p.22-39）、本史：『イナサ』に至る成熟過程（後編、p.51-62）への道〜後史：震災から今日の「地域貢献」に結実するまで（後編、p.62-72）の起承転結の展開を持つ。それは一見「個人史」の叙述方法に寄せながらも、そこから放送番組制作者のハビトゥス（ブルデュー）に迫ろうとする、アナール的「社会史」記述の特徴を帯びている。そしてさらに注目すべきは、そのより深い関係性の始まりが、東日本大震災にあったという、『嵐の気仙沼』以降の気仙沼の作品との共通性にある（二作目の『イナサがまた吹く日〜風 寄せる集落に生きる』は二〇一二年）。

伊藤と仙台市荒浜との一四年にわたるつながりは、そこに第三者（メディア）の目を注ぐべきとの使命感だけで説明がつくものではない。それは二〇〇六年の最初の『イナサ』に至るまでに、カメラマンとしてのポジションによって形成され、行動化していった彼の自意識（アイデンティティ）である、と七沢は読んだ。後に『イナサ』に続く『イグネ〜屋敷林が育む田園の四季』（二〇〇二）、『つかい川〜用水堀が育む山里の四季』（二〇〇四）の二つを合わせて「仙台三部作」と呼ぶが、ここに結実するカメラマンとしての伊藤孝雄の「風景」を切り取る作法を、七沢は「映像詩」という言葉を手掛かりに分析する。そしてその源流を、彼が海外経験を経て仙台に赴任し自覚するに至った、「東北人」としての眼差しと、まなざす対象たる風景の重なり合いに見る――『マサヨばあちゃんの天地・早池峰のふもとに生きて』（一九九二）、『雪の墓標〜奥会津・葬送の風景』（一九九三）にそれは表れている。

9　仙台沿岸地域の「重なる風景」――「映像詩」という方法

この「見立て」の核を成すコンセプト――「映像詩」を七沢は、伊藤自身のインタビューの言葉から拾っている。それは、「仙台三部作」の一つ目『イグネ』に関する語りの中に繰り返し表れる。しかし七沢はこのように言う――「『映像詩』なるものの定義は見当たらない」「少々粗略な事例分析ではあるが、『映像詩』なる言葉は、これまで『風景・風物の美しい映像』を軸にした『情感あふれる番組』の代名詞のように使われてきたようだ」「『イグネ』という番組を通して見る中で『詩情』を感じたか否かを自問自答して見た。答えはイエスだった」――まるで見る側にその判断が委ねられているかのように。

過去の番組の公開データベースである「NHKクロニクル」で「映像詩」を検索すると数多くの番組（六一七件：二〇二〇年三月一八日現在）がヒットする。その一番古いデータは一九八二年一月五日朝の「NHKニュースワイド」のコーナー「映像詩〝ふるさとの陽光〟（一）―知床―」である。その後もタイトルやシリーズ名に冠される例が多い。しかし、この言葉は、日常用語の範疇として定着しているかと言えばそうでもない。研究の文脈においても概念としての「映像詩」が検討されることは少なく、映像研究者による「詩的表現がなされた映像」という意味づけと、文学研究者による「シナリオ形式を借りた詩」という解釈が交わらないまま存在している。こうした状況から考えれば本書で言うところの「映像詩」は、業界内で共有された感覚的フレーズのようなものと言われても否定しようがない。

ではなぜ、「放送や映像制作の世界では『映像詩』というカテゴリーが成立するかのような状況が生まれたのか」――そしてなぜ伊藤が「方法」としてそれに惹かれたのかを考えてみたい。そのヒントは「映像詩だったら、カメラマンだけでできるんだよ」（後編、p.57）という発言にある。伊藤孝雄のフィルモグラフィーを詳細に見ていき、その表現をタイムライン上に書き出してみるとあることに気づく。「仙台三部作」やそれにつながる東北の映像にはチャプター、シークエンスを刻む場面の転換線が明確に引かれていないのだ。舞台は特定の「場所」から動かない。ある種、定点観測的な映像である。すなわち画面の変化は、「四季」という時間の流れが与える――つまり物語的に外挿された起承転結の「枠」が見られない。それを裏づけるように彼の番組の多くに伴走したディレクター伊藤純は、こう言う――「僕は孝雄さんの映像タッチを物語にしたいと思ったんですね」(後編、p.59)。外から与えられた物語の枠に映像を素材としてはめ込むのではなく、被写体に向けるさまざまなカメラワーク自体に、リズムを成す要素があることを見ていたのである。

元来、「詩学」とは狭義には韻律学を指し、読み手のリズムを作り出す方法を意味していた。「映像の詩学」と言った場合、画面と画面が、あるいは個々の断片とそれによって構成される体系との(時にはその互いの軋みも含む)力学をそのまま受け取ること(蓮実重彦『映像の詩学』)と解釈することが可能である。ここで大切なことは、断片に価値を見出すことである。「詩学」をこのようなものとして捉える観点は、多くの論者にもみられる。ミヒャエル・バフチンはそこに「カーニバル」「多声性」といった響き合いを見出し(『ドストエフスキーの詩学』)、またガストン・バシュラールはそのイメージを「想像力」によって現象学的に出現させられるという(『空間の詩学』)。いずれにしても視覚対象たる断片それ自身による感覚的統合こそが「映像詩」の本質であると言うことが出来よう。

『イナサ』の映像が想像させるものは「風」である。その視覚的に捉えられないものを指し示す記号素として、個々の映像が組み立てられる。時折挿入される「引き」、住民たちの生活の軸をなす汽水の掘割たる「貞山堀」をロングで捉えた風景や俯瞰映像と、登場人物の会話の空間に割り込んだカメラがとらえた超クローズアップの表情のコントラスト——カメラマンが「何を」「どのように撮るか」がそのまま番組のリズムを生み出す。それによって人々はその空間を想像し、時間に身を委ねていくことが可能になるのだ。それは映像の断片そのものが語る「声」に耳を傾け、映像を見る者が主体的に「物語」を描くことを促す手法と言い換えてもいいかもしれない。それが伊藤の「映像詩」なのである。

10　映像を介した「交流」——バトンの授受、再帰的コミュニティ

映像自身が視覚的に指し示すインデックスは、「風」ばかりではない。その目に見えない「風」の動きを想像することが出来るのは、その風の向きによって変化させていく人々の「暮らし」が映し出されるからで、逆説的に言えば、その人々の表情や集う出来事、労働や遊びを通じて「風」との関係性というメタな認識対象が浮かび上がる——それらを総称する言葉を当てはめるならば、我々が探し求めていた「生活」ということになるだろうか。それこそが七沢が挙げた「映像詩」というキーワードの効果である。

その「生活」を束ねるものが、「営み」という経済的なフレームであることも見逃してはいけない。伊藤はとりわけ「農」「漁」業に目を凝らした。ただしそれは第一次産業としてカテゴライズさ

れる「生産」のメカニズムではなく、「自然への敬意に始まる人と自然との関係のあり方に正面から向き合った」(後編、p.55)「人間が自然の時の流れとともに生きて、死んでいく」(後編、p.59 伊藤純の言葉）そこに住む人に共有された行動様式であった。伊藤自身のアイデンティティは、そこに共振したのである。「東北人」はここに個人の出身地としての属性ではなく、コミュニティを指し示す再帰的概念に昇華する。

このプロセスの発見に、七沢の論考をアラン・コルバンの仕事と重ね見することができる。伊藤の存在は『浜辺の誕生』において、その「風景」を描いた旅行者のそれに近い。さらにその上に個々の映像の記録的価値が、「社会史」的意味を纏っていけるのは、カメラそのものが持つ編集リズムをディレクターたちが大切にしたからであって、その協働のかたちは「めくるめく輻輳」を体現した『記録を残さなかった男の歴史』を追跡するパズルの組み合わせ作業を彷彿とさせる。これができたのは、伊藤が「写される側」と「写す側」をハイブリッドに行き来しうる立場を自覚していたからであり、またそれを私が知ることができたのは、「制作者」と「見る人」の双方に軸足を置く、七沢のスタンスがあったからである。

これまで「東北」の「生活」はどちらかと言えば、多くは民俗学の対象として扱われてきた歴史がある。振り返れば柳田民俗学から、今日の赤坂憲雄の『東北学』に至るまで、人々は「この地域」に対して、「特殊なもの」として眼差しを差し向け、言葉を選ばすに言えば「好奇な」関心を抱いてきた。しかし、そうした表象と評価の確立は、そのディテールに支えられていることは言うまでもない。そしてそれがアクチュアルなものとして拾い出されたのは、「訪問者」たちの「生活」に分け入るときの丁寧な振る舞い（コミュニケーション行為）にあったことは間違いない――だとするならば、七沢の誘いを受けてこれらの番組を改めて見返す機会を得た「私」は、どのような行動にそれを接続すべきなのだろうか。

その手がかりは、七沢がこの論考の中でもう一つ拘った「記録」というキーワードにある。それは編成されたテレビの枠組みの中で番組を評価するということからの逸脱を生じさせる。七沢は「仙台三部作」における「映像詩」の成立と、代表作『イナサ』を起点に、そこに震災後の続編が重ねられてきたそのイメージの集積に「記録」としての価値を見出す。それは後になって外から与えられたものではない。伊藤たちが、最初から「ディテールを欠くことなく『記録』することに徹して」いたからこその産物なのだ（後編、p.53）。

そう考えると、こうも言えるだろう。そもそももと「記録」であった映像群が、「テレビ番組」という形式を与えられたときにたまたま「映像詩」としてまとめられたのであって、またなおかつその断片性を敢えて隠さない「詩」としての形態が、その枠が過ぎ去ったときには「記録」に戻るべき方向性を指し示している、と。すなわちそれは、デジタルアーカイブ時代における、映像との出会い方を、予見させていたと言う意味で、「ポスト・テレビ」的な価値を提示しているのである。

テレビに代表されるマスメディア的コミュニケーションのシステムは、「あまねく偏らない」伝達の平等性に対する責任と、それによって受動的に形成される「世論」のフィードバックによってその再帰性の担保を図る、大規模な信頼と委任の回路によってその公共圏のデザインを仮構していた。それがどこまで実現できたかについては、別の場に譲ろう。少なくとも経済のグローバル化と抱き合わせで進んだ「成長神話」が崩れ、大規模災害を通じて日常が孕む災害性に気づくようになった我々は、そのいささか大仰なロジックに対しては冷ややかな眼差しを向けるようにはなっている。

そうした中で我々は、東日本大震災以降の「画面に映り込む（あるいはメタに表れる）」何人かのテレビマン（伊藤孝雄、久保志穂、そして赤江珠緒らの）の姿＝表象を、どう考えるべきか――それこそが、どちらかと言えば「映像」に対して、同期性を媒介する手段としてよりも、「記録」としての機能を軸に考えてきた私に、七沢がバトンを渡し、差し向けた問いなのではないか。言い換えればそれは、物理的な土地の「うち／そと」を横断するゆるやかなコミュニティの形成から、デジタル時代の公共圏へつないでいく契機を求める思いなのである。

11　私が知っている「荒浜」／映像にみる「荒浜」

このＮＨＫ放送文化研究所の「制作者研究」が新たなシリーズテーマとして〈地域にこだわる〉ことを掲げた意味を、私は、勝手にそう読み解いていた。そしてそれは、テレビ番組に刻まれたことがらは、「誰にとっても同じ意味を持つ『記録』なのか」という問いにつながっていた。

長い間、テレビはナショナルな社会空間の中央に位置する一部の人に与えられた特権的な発信者のポジションにあり、同心円的に、一方向で情報を発信する装置としてその覇権を築いてきた。その構図において「地域」は、メッセージのプライオリティにおいても、カテゴリーにおいても「全国」というフレームに従属する下位カテゴリーにあった。新しい時代に、その情報の流れや位置づけを問うことは、テレビ、あるいはマスメディアを成立させていたシステム編成を組み直す志向をも含意する。

そもそも本来は、地域の「記録」に意味を与えていく主体は「地域」の人々である。すなわち、かつて制作時は被写体であった人々こそが、今度は、その「記録」を解釈し、それぞれの「生活」の営みの中でイメージを再構成していく担い手となるのである。その点において、『イナサ』をはじめとするテレビ番組群を視聴できるモニターが、震災遺構となった荒浜小学校に常設される意味は小さくない。その存在感は「地域貢献」という言葉自体に含まれる、ややお仕着せ的な語感の対極にある。

実際私も、震災後三年が経過した二〇一四年頃から、仙台市沿岸部の人々と少しずつ交流を始めていた。特に旧深沼海岸の周辺の人々とは、「かつてあった街の記憶」を考える「3・11オモイデアーカイブ」などのいくつかのコミュニティ・プロジェクトやワークショップを介して、これまでも少なくない時間を共有して対話を続けてきた。荒浜、蒲生（がもう）、閖上（ゆりあげ）など、「貞山堀」で結びついた生活圏を持つ地域は、二〇一六年に条例で災害危険区域に指定され、かつてそこに暮らしていた人々は、慣れ親しんだ故郷で「生活」の再建を行うことが不可能となった。当初は、行政の意思決定との「折り合い」に苦しんだ住民たちであったが、徐々にそこには、外から訪れる人々をも巻き込んだ新たなコミュニティが生まれ、育ちはじめた。

二〇一六年の一二月一一日、まだがれきや家屋の基礎が残る荒浜地区のかつてのバスの終点、深沼海岸まで一日だけ市バスが復活し、多くの人が荒浜に訪れ、地元の人びとと交流した。きっかけは仙台出身の美術作家・佐竹真紀子がそっと置いた「偽バス停」だった。かつての街角にポツンポツンと立ったそれらは、荒涼とした風景の中に、記憶を蘇らせるささやかだが力強いモニュメントになった。噂が人を動かした。佐竹と「3・11オモイデアーカイブ」を主催していた佐藤正実との出会いが仙台市交通局を動かし、この「オモイデツアー特別編・きょうは市バスに乗って荒浜へ」が実現した。

その日——荒浜界隈の「まち歩き」をしていた時である。津波で流失した自宅跡に「海辺の図書館」という交流施設を建てた庄子隆弘が、訪問者たちを先導しかつての町の様子を説明していた。庄子は言った——「ここは、特別な場所ではないんです」。その一言は私を含む、訪問者の胸に刺さった。「被災地」としてではなく、普通に「日常生活」があったことを想像しながら歩く。そのことで、遠く離れた土地の暮らしであっても、それらを自らの経験と重ね合わせることができる。他人ごとと私ごとに引き裂かれることなく「自分たちごと」として受け止めるチャンスがそこに生まれる——街がなくなることで、五〇〇年を超えるここで生活した人々の歴史が無かったことになってはいけない。そう思った。

どんな街にも「大切な、暮らし」がある。その思いが共有できたときに、人と人の新たな関係性は生まれる。かつて気仙沼を訪ねたときに、災害からの「復興」を、「瘡蓋（かさぶた）のように新しい皮膚ができていく過程」と言った人がいた。新しい世代も育ち、それまで東北に行ったことがなかった人が足を運ぶ機会も生まれた。荒浜や蒲生（がもう）など仙台沿岸地域は、その「復興」の活路を「交流」という道に見いだしたのだ。「継承」とはただフリーズした記憶や記録をそのまま次世代の人々に押し付けることではない。それを基盤に日々新たな暮らしを生産するダイナミックな営みであり、過去を礎とした、新しい歴史＝未来をつくる行為だったのだ。

七沢から映像と論考のバトンをうけたとき、私は「海辺の図書館」の庄子隆弘に『イナサ』の連作に関する質問を投げかけてみた。もちろん彼は伊藤孝雄のことをよく覚えていた。カメラの向け方、インタビューの仕方の「距離の近さ」に驚いたとの思い出を語ってくれた。庄子は町の人にも印象を聞いてくれた。答えはさまざまであったが、「十四年に亘って震災のことだけでなく、灯籠流しなど、荒浜の文化や風俗を記録してもらってありがたい」というのが概（おお）むね の声だった。言われるまで気づかなかったが、映像の中に登場している人で、私も会ったことがある人が何人もいた。しかし中には、取材対象者が漁民や農民に偏っており、ある種のステレオタイプで切り取られたものとの不満もあった。当然のことと思う。

『イナサ』連作映像の主人公の一人である佐藤吉男は、二〇二〇年の二月に亡くなったと聞いた。

彼の「生活」の変化を、映像と重ねながら話を聞く機会がなくなったことは何より残念である。しかし私と荒浜の関係はこれからも続く。私自身の記憶の層も重ねられていくだろう。

12 ソルニットの提案──「歩くこと」と「迷うこと」

『災害ユートピア』で一躍有名になったレベッカ・ソルニットには、その九年前に『ウォークス──歩くことの精神史』（原題：Wanderlust−A History of Walking）という大部の著作がある。Wanderlust＝旅や冒険、さすらい「世界を知りたい」と思うことへの渇望という魅力的なコンセプトを、上手く日本語にすることができないのは残念だが、しかし人間の「思考と文化と歩行」の結びつきを、さまざまな資料から縦横無尽に読み解いていくこの壮大な試みは、この著作自体が「冒険」であることを体現していると言える。

方法的にもアラン・コルバンの仕事を彷彿とさせるが、書かれている内容についても重なる部分は少なくない。「歩くこと」の社会化、産業化そのものは当然ながらレジャーや観光の誕生と深く関係しており、ルイ＝フランソワ・ピナゴが歩き回った森や、訪れる者たちによって「風景」が表象されるに至った一八世紀の『浜辺の誕生』の記述とかなりの部分で視座を共有しているということが言える（p.157など）。しかしソルニットのアプローチは、ある意味「歴史学」であることに拘ったコルバンよりも、一回り大きな構想に向かっていた。それは「歩行」を一人の人間の生理的な振る舞いと、公共空間が成立する社会的なダイナミズムとの媒介項として置いてみることによって——社会と身体との根源的な関係をつまびらかにしていこうという目論見であった。「歩くということは外部に、つまり公共の空間にいることだ」——そしてその喪失は「孤独な遊歩者の頭のなかの閃きと、公共空間が担うべきデモクラシーの諸機能のいずれにとっても危機的事態だ。かつて、束の間の広場のような公共性を帯びた砂漠の大広間でわたしたちが抵抗の声を上げたのは、実はこの個々の生と風景の断絶に対してだったのである」（p.22, 23）——この言葉をアクティビストでもあるソルニットは、南カリフォルニアの市庁舎建設反対行動を想定して筆にしているが、その感覚は遠く離れた我々の「風景を失う」さまざまな経験と響き合うものだ。

それは「歩くこと」が何よりも我々の「認識」の機能を不可分にあることの表れである。「歩くことは、いつだって歩く以外のことだ」（p.219）。「生態学の言葉を使うならば、歩くことを〈指標生物〉と考えるのがいちばんよいかもしれない」（p.419）——登山が眺望とともにあった（p.222）事実は、我々がいかにそこから視覚的な（環境を指差す）刺激を得ていたかを表している。しかし、「歩くこと」の意味はそれだけではない。とりわけ都市空間においてのそれは、孤独な思索と創造的なコラボレーション（p.327）の邂逅のチャンスであった。それはベンヤミンとプルーストの協働のきっかけ（p.347）のみならず、一般の人びとにとってそれは「パレードや行進やお祭りが疎外の克服という可能性を持ち」（p.389）、新たな共同性に誘う時空間でもあった。

いっぽうで、「誰もが歩くことについてはアマチュアである」（p.11）というように、そこには必然的に「迷うこと」が分かちがたく存在している。「歩行にはいまだ馴致されざる部分がある」（p.480）

というソルニットは、実はその部分をむしろポジティブに評価している（『ウォークス』の五年後には、『迷うことについて』というテーマに絞って、一冊の本を著している）――歩くから迷う、迷うから歩く。だからそこに他者を受け入れる余地が生まれる。

初めて東北の地を歩いた二〇一一年の気仙沼の経験以来、ともかく私は、時間がある限り自分の足で歩き、変化する「風景」を目で追い続けてきた。そのおかげで語り合うべき人との出会いを、この一〇年、重ねることができた。その「立ち寄りどころ」に私は「せんだいメディアテーク」をいつも置いていた。二〇〇一年に美術館、図書館、コミュニティ活動といったさまざまな文化的複合機能を担う場として、誕生したこの施設は、被災の傷跡が生々しい二〇一一年五月三日に、「市民、専門家、アーティスト、スタッフが協働し、復旧・復興のプロセスを独自に発信、記録していくプラットフォーム」、「3がつ11にちをわすれないためにセンター」(「わすれン！」)を立ち上げた。「わすれン！」は二年目（二〇一二）の三月から、メモリアル・ウィークを挟んで設けた「立ち止まって振り返る」場に『星空と路』という名をつけた。まさに「星空」と「路」以外、全てが失われた被災地のイメージをストレートに表現したタイトルだった。しかし「星空と路」は、失われた事実、その空っぽの空間のみをクローズアップするものだけではなく、その空間の中で生きる我々に進むべき方向を指し示すインデックスでもあったのだ。

オットー・フリードリヒ・ボルノウの空間論において、極めて重要な位置づけが与えられた「道路」。そしてそこを歩く我々にとって、見上げる対象である「星」が意味するものは大きい。ユートピアとは、そもそもその「現在」における不在の認識と、それを前提として顔を上に上げる──「希望」との関係性、それ自体を言い表した言葉なのかもしれない。もしソルニットの言うように、歩くことがそこにつながるなら、まさに「星空と路」は欠くべからざる要素なのかもしれない。『ウォークス』の最終ページには次のような一文がある──「歩くことは、人類の文化という星空に輝くひとつの星座となってきた。この星座には、身体、想像力、ひろく開かれた世界という三つの星がある。別々に浮かぶ星々をひとつの星座にするのはそのあいだに引かれた線、すなわち文化的な意味を負って歩く、という行為によって引かれる線だ。星座とは自然の現象ではなく、そこに重ねられた文化だ」(p.490)。

では「文化」とは何か──その答えをソルニットは『迷うことについて』で仄めかす──

「わたしたちから失われているときにだけ手にすることのできるものがある。そして、ただ遠くにあるというだけでは失われないものもある」(p.49)。

災害とユートピアの近接性は、「それ」の存在基盤が日常にあることの証でもある。

第三章　時間と空間のテクスチャー

第一節　都市と社会のエコロジー

1『住まうこととさすらうこと』

二〇〇〇年代の初め——大学に勤めるようになった頃は、自分自身が、これほどまでに「旅をする」人間であるとは思わなかった。実際、日本国内でも、例えばその頃まで四国には行ったことがなかったし、日本海側には縁が薄かった。むしろ二〇代（一九八〇年代）から仕事の絡みで海外によく行っていることが、少し「自慢」だった。ヨーロッパからの輸入品を扱っていた経験や、学生時代、近代思想史をかじっていた自意識も相俟って、ちょっとバブルな地理感覚で世界を捉えていたような気がする。

その転機は、すぐ翌年（二〇〇四年）にやって来た。きっかけは年に一度開催される「市民メディア全国交流集会（その後「メディフェス」という愛称で呼ばれるようになる）」だった。ケーブルテレビやコミュニティＦＭなどの小規模な地域メディア、あるいはネットを用いたオルタナティブ・ジャーナリズムが次々立ち上がったことを背景に、実践者たちが交流や知見の共有を求めて立ち上げた緩やかなコミュニティである。この「運動」というにはややカジュアルな「集い」に私が参加するようになったのは、ちょうどマスメディアを前提に語られるメディア論への違和感に、電子メディア的な記号論的解釈で対抗できると考えていた時期だった。その論理を実証するには、スモールスケールなコミュニケーション過程に時空間の枠組みをあててみる必要があったからである。

ただしまだその頃は、ハーバーマスの「生活世界」の概念もなんだか方法論的な概念に思え、実感の乏しいものだった。むしろハイデガー的な「世界内存在」のイメージの方がピンと来ていたが、それにしても私は、まだ思弁的なカテゴリーの中にいた。しかし「メディフェス」で、毎年あちこちの開催地を旅するようになって、ある不思議な感覚が目覚めていくことになる。最初に訪れたのが鳥取県米子市だった。その翌年が熊本県山江村、横浜市、札幌市、京都、東京、武蔵野、そして震災直後の仙台、上越、大阪、三河、再び京都、沖縄、そして二〇一七年は私自身が事務局を運営し、湘南・平塚で開催する。

この「不思議な感覚」が何か、腑に落ちる言葉に後に出会う——哲学者ウーテ・グッツォーニは、このハイデガーの「世界内存在」を引き、「住まうこと」と「さすらうこと」、つまり定住と移動が互いに「促し合う」関係にあることを主張する（『住まうこととさすらうこと』）。「さすらうことなしに住まうことは停滞であり、住まうことのないさすらいはただ慌しいだけである」（p.5）と言うのだ。このロジックが成立するのは、「両者が共通の空間を占めていること」すなわち「世界内存在」は、世界と単独の人間の関係を言っているのではなく、「住まう」人間と「さすらう」人間の出会いや関係性それ自体を表しており、それを支えるコミュニケーションそのものを指し示しているのだ、ということを理解したのだ。

コルバン『浜辺の誕生』で描かれた「旅人（ツーリスト）」と「漁民」は、表象を介して風景を分かち合っているにとどまり、直接の関係をまだ十分築いてはいない。その相互の干渉があってはじめてそれぞれの「生活」が意識の上に立体化していく。それにはいくつかの条件が必要だ。その条件が積み重なって町の歴史ができる——しかし、それがうまくいかないと、「地域」は不幸な形でひび割れる。そんな具体例に私は二〇〇七年に出会った——北海道夕張市、東西を山に囲まれた谷あいの「閉じた空間」は地球規模の経済によって「開かれた」、まさに「さすらうこと」「住まうこと」の交錯点たる小さな「世界」だった。

この町に私を引き合わせたのは、やはり「メディフェス」——二〇〇七年度の札幌開催時のエクスカーション——であった。

2　炭鉱から観光へ…そして破綻へ

北海道夕張市は、二〇二一年現在、国内でただ一つの財政再生団体である。かつて石炭産業で栄え、エネルギー政策転換後も、さまざまな観光事業への投資で注目を集めた町が、標準財政規模の一四倍にもなる六三二億円の巨大な負債を抱えた前代未聞の状態であった事実は、二〇〇六年六月二〇日の、市長・後藤健二の公式表明までは、一部の関係者以外にはまったく伏せられたものであった。

二〇〇七年三月九日、総務大臣の指定を受け、夕張市は再建計画の実行に専念する厳しい歴史を歩みはじめる。病院事業会計、観光事業会計などの廃止によって、実質的に解消すべき赤字額は当初より減ったものの三五三億円、返済期間は一八年となった。その規模、そして時間の長さに、多くの市民は茫然となった。

一九五五年の「石炭鉱業合理化臨時措置法」以降、我が国の石炭政策はスクラップ&ビルドの掛け声の中で合理化がすすめられ、夕張の人口減少は早くから避けられない現実になっていた。そこに一九八一年の北炭夕張新炭鉱ガス突出事故（死者九三人）が起こり閉山。さらに三菱南大夕張炭鉱でも一九八五年にガス爆発事故が発生し（死者六二名）、リスクと生産効率のバランスは崩壊。一九九〇年には、「石炭の街」からヤマ（炭鉱）の火は消える。

夕張の人口集積は、言うまでもなく石炭産業がつくり上げたものだ。一八八八年、地質学者ベンジャミン・S・ライマンの調査に随伴していた坂市太郎が、志幌加別川上流の渓谷に石炭の大露頭を発見したことに始まる町の歴史は、エネルギーを起点とする近代産業のネットワークの結晶そのものである。したがってその揺らぎは、町の生態系にとっては致命的だったはずだ。

もちろん、人口動態は単純ではない。出ていく人もいれば、新たに町に入ってくる人もいる。故に、そのマイナスをプラスがうまく補うことが出来れば、とりあえず町の経営は維持できる——一九七九年から二〇〇三年まで、六期二四年も市長の座に「君臨」した中田鉄治の対外的なアピールポイントは、まさにここにあった。「炭鉱から、観光へ」。単純な語呂合わせにも思えるスローガンではあったが、確かに一時期、それは有効に機能していたようにみえた。しかしやがて、この「ように見えた」こと自体が、夕張の町に残った人々を絶望の淵に陥れる。

夕張市の巨額負債の内訳は、既に財政学的にはかなりのところまで解明されている。それは「人口減少による歳入減」「炭鉱事故・閉山処理の負担」、「観光産業への過剰投資」「不正な財政処理」の四要素からなる。重篤な実質経済（マイナス）に、全くそれとは異次元の「夢」（プラス）が接ぎ木され、負荷が制御不能に陥ったというわけだ。

破綻を表明した後藤健二は、そこに至るまで、この異常な事態を知りえなかった。なぜなのか。いや、そもそも「不正」の核心を握っていたはずの前任者・中田鉄治自身には、どこまでの認識があったのだろうか。中田は「確信犯」だったのか、それとも彼もまた「夢」に飲み込まれた「犠牲者」だったのか——残念だが、最早その証言を得ることはできない——中田鉄治は、市長の職から離れた半年後、鬼籍に入る。末期の癌であった。

3　産業が生んだ奇妙な「風景」

夕張市の人口は、二〇一九年五月に八〇〇〇人をきった。ちょうど夕張炭鉱が採炭を開始し、独立した村（登川村）として人々の営みが定着し始めた明治三〇年頃（一九〇〇年前後）の状況に戻った格好である。ピークは一九六〇年の一一六、九〇八人。写真や映像に残るその時代の風景——

狭い谷あいに密集した炭住（炭鉱住宅）や、夏祭りの盆踊りの輪の巨大さに、高度経済成長のある種の「凄み」を覚える。

私が財政破綻を機に夕張に通い始めるようになった二〇〇七年で一二、三〇七人。現在はさらにその三分の二ほどの人口規模になったわけである。半世紀の間にジェットコースターのように町が崩壊していく様子を住民たちは経験した。そしてある意味そのゴール地点に私はやって来た。そこには町ごとがそっくり「廃墟」のようであり、またそれが徐々に自然に還っていくかのような奇妙な「風景」があった。それから十数年、私は「旅人」としての「他者の目」で、その静かな変化を体験しつづけてきた。

夕張の風景の奇妙さとは、その半世紀の歴史がまるで瘡蓋（かさぶた）のように覆い重なっていることである。炭鉱町の人工性を象徴づける「ズリ山」があちこちに残り、それがランドスケープの輪郭を成している。破綻後しばらくは空き家となった炭住が朽ちていくままに置かれ、撤去された建物の跡地も「かつてそこに賑わいがあった」ことを亡霊のように露わにしていた。そこに一九八〇年代以降の「バリバリ夕張」（観光政策）の遺産が加わる。そこに訪れた我々外部者は、一連の事物に、現代の出来事であるにもかかわらず、考古学的視線を送るという体験に誘い込まれる。

夕張は空知産炭地域の中心であるとともに、重工業振興からエネルギー転換に至る我が国近代の政治・経済を象徴する町であった。そのためか戦前の小型映画からテレビ番組まで数多くの映像資料が残っている。「映画の街」を目指し派手な振る舞いを好んだ中田鉄治市長の影響もあっただろう。

そんな街と私との関わりは、「メディフェス」のエクスカーションでの石炭博物館元館長・青木隆夫との出会いから始まる。青木が上映した戦前の夕張の映像に目が釘付けになった。それから彼の手によって収集されたVHSテープ約五〇〇タイトルと格闘することになる。そしてひたすら単純なデジタルダビング作業を続ける中で、そこに映し出された町の印象が「内観」と「外観」に決定的に引き裂かれていることを知る。

好意的に評価するならば、絶対的市長・中田鉄治は、外から見たときの「国策に翻弄された町」の印象を転換することに全精力を注いだ人物ということができよう。しかしその戦略は、著しく乱暴でバランスを欠いたものであった。映像資料と中田の関係に注目してみると、それがよくわかる。特に合理化の期待を背負った新炭鉱が事故に見舞われた一九八一年以降の彼の行動に、それは表れている。まだ大半の市民が「石炭の街」としての生活を送る環境の中にあった。事故後の補償や操業再開に向けた会社と労組との攻防を横目に見ながら、中田は、既に「石炭産業」を完全に見切っていた——その証が市政四〇周年の看板を掲げて制作したPR映画『飛翔（はばたけ）・ゆうばり』（一八八三年）である。

同年、HBC（北海道放送）は北炭夕張新炭鉱のガス突出事故から、その後の会社の対応、人々の生活の変化を追ったドキュメンタリー『地底の葬列』で文化庁芸術祭大賞を受賞。炭鉱町の厳しい現実を社会に幅広く印象づけた。しかし地域住民の怒りや戸惑いが噴出するこの映像に、市長・中田の姿は一瞬たりとも現れない。ほぼ同時期に市内で回っていた別のカメラに、彼はもっぱら眼差しを向けていたのだ。

『飛翔・ゆうばり』が「炭鉱」の様子を映し出しているのは、約四五分の映像の冒頭わずかなシーンのみである。そこには「石炭を掘る活気が唸りとなって、夕張全体に満ち溢れていた全盛時代は、すでに過去のものとなってしまった」とのナレーションが充てられている。そして以降「ヤマの生活」は一切描かれない。新たな町の玄関・新夕張駅が完成し、工業団地に誘致される企業、街を盛り上げるさまざまなイベントが映像に連なり、旧事業地に全面開園した「石炭の歴史村」を起点とした俯瞰で締めくくられる——すなわちこの映像は、「石炭」を過去のものとし、新たな街の歴史へ踏み出す「宣言」として撮られたものだったのだ。

4　生活の「現実」が消えた

中田が推進した「街を生まれ変わらせる」政策は人々を分断させた。ピーク以降の人口の減少率を国勢調査（大規模調査）の一〇年ごとに比較していくと、-35.3%（1960～70）→-40.3%（1970～80）→-49.7%（1980～90）→-29.5%（1990～2000）→-26.1%（2000～10）→-30%（2010～20 ※推計）で推移している。炭鉱産業の息の根が止められたこの一九八〇年代だけ見ても、なんと当時の住民の半数がこの町を去っている。生活の糧を得るすべを失ったから出ていくのは当然のように思えるかもしれないが、実はそうではない。『飛翔・ゆうばり』に描かれたように中田は積極的な手を打っている。そうでなければこれだけの巨額の負債は生まれない。

しかしそもそも中田が掲げた「炭鉱から観光へ」のスローガンは、目の前に実際にいる「夕張の町に暮らす人」を念頭に置いたものではなかった。これまた「良く言えば」、ある程度の人の出入りを覚悟し、「夕張市」という自治体のかたちを維持し、発展させるための戦略であったといえよう。しかしその発展のイメージは、それまでのこの町の歴史とは無縁の、リゾート資本の引き入れによって描かれた夢だった。その夢に賛同した者、あるいは仕事を終え、繁栄の思い出と社会保障だけで生きていける高齢者が夕張に残った。中田市政が二四年の長きに亘って続いたのは、そのいっぽうで失望のもとに町を去った人たちがいたということの証でもあった。

かつての事業地と炭住街が「石炭の歴史村」という観光施設に生まれ変わったこととともに、夕張の変化を語る際に忘れてはならないものが「ゆうばり国際冒険・ファンタスティック映画祭」である。一九九〇年にスタートした炭鉱後を象徴するこのイベントは、中田の「新生ゆうばり」を印象づける施策の集大成といえる。もちろん炭鉱時代から映画は、三交代制で「眠らない町」の余暇を支える娯楽の王様だった。特に札幌に近く都市型文化も浸透しやすかった夕張では、人口ピーク期の一九六一年には市内に一七もの上映施設が並んでいた記録がある。その点で言えば、連続性はあるようにも見える。

しかし中田が目論んでいたことは、「映画で町の風景を塗り替えること」だった——映画祭の定着を狙って中田は積極的にメディア戦略に出る。その中の一つ、市政五〇年の節目にＨＴＢ（北海道テレビ放送）で制作された『ゆうばり、新発見！大発見』の中で彼は、自信たっぷりに、構想を語っている。

（私は、この映画祭で）映画はまちづくりにどう貢献するのかという意義を強調しているんです。町のイメージが、映画のシナリオに出てくるいろいろな物語の町になる。炭鉱というのは大変忙しい、男のロマンの町だった。（でも）炭鉱がなくなったら、（今度は）もっと文化的要素が十分ある町にしようというのが、この国際映画祭の意義。まちづくりも、映画のストーリー、場面に出てくる施設、映画に出てくる道路や、映画に出てくるような公園をつくろうやというような。映画と町の結びつきをつくっていこうと。

驚くべき発言である。単に映画祭で来訪者を増やし、賑わいを生もうと言う話ではない。町を根底から作り変え「映画のような街にしよう」と言っているのだ。彼の発言通り、番組後半で紹介される新しい観光施設は、この発言を裏づけている。「石炭の歴史村」のアトラクションやホテルの施設には映画のタイトルが盛り付けられ、旧炭鉱施設の建物は創作された土産物売り場となり、巨大な映画の「書割」や絵看板が中心市街や公園を埋め尽くす。しかしその風情は「映画のような街」というより、「張りぼて感」が拭えない。

このいささか無謀な町全体を覆うリニューアル政策は、石炭産業時代の遺構を封じ込め、新しい意匠と意味で包み、塗り固めたもの——まさにイメージのスクラップ&ビルドであった。そこから古い時代の亡霊が二度と出てこないように——それには「呪文」が必要だった。「ファンタスティック」や「冒険」といったファンタジーのタームは、そうした「現実」を力技で変えるための魔法の言葉だったのだ。

5　バブル経済とユートピア

こうした「炭鉱から観光へ」のシフトを急ぐ中田の行動の底には、理詰めの戦略というよりも、心の内に秘められた、この町に対する愛憎半ばする思いがあった。中田鉄治は大正一四年秋田生まれ。父は大工の棟梁だったが事業に失敗し、一歳と百日で家族とともに夕張にやってくる。生活は楽ではなかった。炭鉱労働者ではない父は、仕事で夕張を空けることが多く、「極端に言えば母子家庭だった」(『北海道新聞』「二〇〇六年八月、中田の兄への取材」)。

鉄治は高等小学校を卒業後、北海道殖産銀行に入行する。「金を創れば貧乏にならない」と閃いたのだという。仕事覚えは早く、みるみる頭角を現したが軍靴が響くご時世、金勘定の世間体の悪さに銀行を辞め、「準軍需産業」たる北炭に徴用される。そして北炭でも「計数使い」としてのキャリアを積む。いっぽうの映画や音楽好きは父の影響だった。将来は音楽家か弁士になりたいと真剣に思っていたようだ。実際に戦争が終わるや一念発起、北炭を辞め、劇団バンドを組み、北海道中を「ドサ回り」をして歩いた。しかしすぐに食い詰めて夕張に戻る——以降彼は叶わなかった夢を、生涯抱え続けることになる。

市長としての中田のカッコつきの「文化」への入れ込みは、このいわゆる「三つ子の魂」的に彼自身に刻まれた価値観の表れといえる。中田の意識は、夕張という町で成長をしながらも、人々の「ヤマの暮らし」とは微妙な距離にあった。彼がしばしば口にする炭鉱労働の「暗さ」は、ネガティブなステレオタイプであり、生活の中に生まれた賑わいやリズム、風景や文化に対して、違和感を抱え続けてきたことの表れであった。だから中田は「文化」を町の外に求めた。自身も町を飛び出そうとしていたし、それは「外の世界」から運ばれてくるキラキラした「希望」として捉えていた。そのポジティブ・イメージのシンボルこそが「映画」だったのである。

しかし、それは必ずしも個人史的に育まれたメンタリティとして読むべきではない。むしろ戦後から高度成長、そしてバブル経済に続く「時代精神」の影響を強くうけていたものとして考えるべきであろう。システム化し肥大していく産業資本の中に取り込まれ、翻弄されていく労働過程と、そこから切り離された商業的な余暇の普及は、かつてコルバンが『浜辺の誕生』に見た裕福な旅人のレジャーの眼差しとは異なり、現実逃避的な情動を掻き立てるモードに広がっていった。そして、少なからず存在していた、彼に熱狂し、その「人情味」を愛した市民たちは、彼とその「時代精神」を共有する人々であったのだ。

それはまさしく、ある意味での「ユートピア」であった。それは未来への「希望」という意味でまさしくその範疇にあった。ただし、官僚制のメカニズムを屈折した心理状態のもとで承認し、全体性に回収されていくという、一回転捻じれた形において。デヴィッド・グレーバーは『官僚制のユートピア』というタイトルの下に、この構図を解き明かしている。『ブルシット・ジョブ』とも通底する「疎外」されきった環境世界では、ゲーム的なファンタジーが支配的なイデオロギーとして形成されていく——そして理解の鍵はこの「ゲーム」と「プレイ」をする主体との間にある（『官僚制のユートピア』、p.270-272）。この二つを結びつけるものが「ルール」である。「このことこそが、現実の生活とは異なってひとが規則（ルール）に完全に自発的に従属するという事実とともに、快楽の源泉なのである。それゆえ、ゲームとは一種の規則（ルール）のユートピアなのである」（p.273）。

ゲームにおいて人々は「英雄」を求める。なぜならば「英雄」こそが「ルール」を手中に収める存在だからだ。夕張における、炭鉱から観光へ、そして破綻へと連なる展開はまさにそういった世界のものであった。中田が書割のような「夢」を描くいっぽうで、その資金源をかき集める「ばくち打ち」的センス（「金づくりが仕事」と日頃豪語していた）——そのコントラストは、グレーバーが言う「際立って人間的であるゲーム＝賭け事」（p.277）を地で行くような振る舞いだった。そして、この町に残った人々は、その熱狂に身を投じたのである。

6　劇場か風景か——リゾートの思想

しかし退任、そして死してのちその闇の部分、すなわち財政破綻が全国的に報じられ、徐々に『ジャンプ方式』『ヤミ起債』などの不正が明るみに出ていくと、故中田鉄治には「独裁者」「ワンマン」のレッテルが張られるようになった。確かに最晩年は、部下を信じず、周囲に恫喝を繰り返していたという。しかしそれは、自らの力ではもはや止めることができなくなったゲームの「暴走」に対する、彼自身の悲鳴だったのかもしれない。

夕張が抱え込んだ矛盾は、産業の核を失った元産炭地に、多かれ少なかれ共有されていた問題だった。そうなると「なぜ夕張だけが、エスカレートしたのか」という疑問に答えねばならない。その答えの一つが中田の突出した「英雄」的個性であった。そして彼の個性は、彼だけのものではなく、戦後の政治家や企業家に、一定レベルで共有されていた要素が凝縮されたものでもあった。例えば「パフォーマンス好きのガキ大将」的な性格や「低学歴からの立身出世」物語は、田中角栄や松下幸之助などにも認められる。この戦前から戦後をつないでいく時代精神は、かつての東アジアに向けた覇権主義の底にあった「拡張指向性」が、高度経済成長のエートスにそのままかたちを変えたものともいえる。特にそれは一九七〇年代の列島改造論、そしてバブルへと継承される中で、市民的ルサンチマンを「希望」に変換していく「錬金術」のバトンを生み出した。

池田内閣が打ち出した国民所得倍増計画という高度成長へのシナリオは、物的生産をベースとしたものであった。それが田中内閣で、物流と情報流通のネットワークに舞台を移し、そしてプラザ合意を前に、金融資本主義のステージに移る。中田鉄治は、まさにその最後のバトンを受け取ったのである。中田の思考と行動は、一九八〇年代後半にこの国を覆った「リゾートの思想」ともいうべきイデオロギー現象の、象徴的事例と考えることができるだろう。一九九〇年七月に放送された

『NHKスペシャル・日本リゾート列島―ふるさとの風景が変わるとき』を見ると、それが良くわかる。

この番組は、一九八七年に施行されたリゾート法（総合保養地整備法）が地域に与えたさまざまな影響を、北海道、東北、房総、三重、瀬戸内海地域、そして沖縄などに赴き、詳細にレポートしている長尺特番だ。そこに直接的に夕張は出てこないが、番組で扱われた「富良野大雪リゾート構想」（北海道）と基本的な構図は相似している。リゾート法は「内需の拡大」「地域の振興」「国民の余暇の充実」の一石三鳥を狙ったものと番組では解説されるが、そのギャンブル性は、まさにバブルの構図そのものであった。冷静に見ればそれはプラザ合意後の「さらなる経済成長」の夢、国際経済におけるリスク負担を未開拓の国内に託したものであり、実現根拠を不確かなニーズに求めた詭弁であった。それでも全国の自治体は、新たな「ゲームのルール」を求めそれにすがったのである。

背景には農林業、水産業、酪農牧畜といった「土地に根差した産業」の崩壊があった。石炭産業のような鉱業もその範列にある。これらの産業を窮地に追い込んだのは、グローバル経済の「生産性」の原則である。それを支配する「計算」は、自然と人の手の直接的な界面にあるこれらの産業基盤を大きく揺るがした。グローバル経済は、内需への期待と経済合理化への圧力という、ダブルバインドとして働いたのだ。

同時に「計算」主義は、金融経済の止め処なき膨張を生み出す。金融の主戦場は生産手段ではない土地＝都市にある。つまり「リゾートの思想」の本質は都市（生活者）による、地域経済の収奪なのだ——番組はまさにその点を主題として鋭く突き、その象徴たる「ゴルフ場」「ホテル」「スキー場／マリーナ」という三点セットを描く。中田と手を結んだ松下興産のビジネスコアも、まさにそこにあった。

番組は「ふるさとの風景が壊されていく」ことに警鐘を鳴らす。コメンテータの映画監督山田洋次は、「(風景とは) 生産を中心に構造化された地域の生態系のイメージである」と言う。そう考えると、中田が目指した「映画のような町」は、何を生産したのだろう——かくしてバブル崩壊は、この番組のおよそ一年後に始まる。

7　終わらない「ゲーム」

しかし空知地方の場合、二〇〇一年まで有効だった「産炭地域振興臨時措置法」がおよそ十年下支えを続けた。夕張の財政破綻は、リーマンショックの先駆けといわれる側面もあるが、むしろ「遅れてきたバブル崩壊」だったのだ。措置法失効に畳みかけるように二〇〇二年、松下興産は撤退。中田が六期二四年間をかけて積み上げ塗り固めた「ポジティブ・イメージの帝国」の歴史は終わる。

中田市政の最後に建った「郷愁の丘」の施設群一帯は、財政破綻絡みの「メディア露出」を狙って、またぞろ新興資本の餌食になる。その後北海道出身タレント、田中義剛が経営する花畑牧場によって「希望の丘」と命名され、継承が模索される。しかし「生キャラメル」ブームが去り、同社の経営が悪化（二〇一〇年）して以降、これまたこの町の「負の遺産」に連なる存在に加わった。

ここでもまた「郷愁」であり「希望」である。なぜ人びとは、こうした甘くポジティブな言葉をつないでいくことに懲りないのだろうか。現在の厳しい現実から目を背け、過去へのノスタルジーと、根拠の乏しい未来のイメージに仮託し耽溺する。夕張に限らず、我々は、気がつけばその罠にはまっているように思える——例えば、オウム事件、そしてまた東日本大震災の被災地においても、同じことは、起こっていないだろうか。

「郷愁」「希望」「絆」——ポジティブで感傷的な言葉の過剰な流通は、資本（抽象的な価値形態）の機能不全を、言語記号が代替したものにすぎない。下部構造に目を伏せた上部構造（イメージ）の暴走は、やがて前者の強烈なしっぺ返しを受ける。実際この国は、何度もそうした歴史を繰り返してきた。

ところで夕張は、破綻後市長を務めた後藤健二、藤倉肇とも一期で降り、二〇一一年東京都から派遣職員としてこの町にきた鈴木直道が激戦を勝ち抜き三〇歳の青年市長となって注目を集める。そして鈴木は中田市政以来の「二期目」を務めたあと、二〇一九年二月、北海道知事に立候補し、選出される。表向きには「夕張市長としての実績を買われて」ということになっているが、繰り返すまでもなく人口流出には歯止めがかからず、彼が政策として掲げた「コンパクト・シティ」構想のもとに、この町の風景はいっそう厳しい変化の局面に突入している。少なくなった人口が集まる清水沢地区に美しいデザインの集合住宅や、さまざまなコミュニティ設備が集約されていくいっぽうで、かつての町の中心であった本町の市役所を周辺一帯は、いっそうのゴーストタウン化が進んでいる。

二〇二〇年、ついに四〇年続いた「映画祭」の冬季開催が、燃料などの運営経費の圧迫により断念された。財政破綻後、市民による復活劇とさまざまな支援で息をつなぎ、二〇一五年の旧市民会館（アディーレ会館ゆうばり）の老朽化による閉鎖以降は、拠点を合宿の宿「ひまわり」（旧「北海道立夕張北高等学校」）とホテル・シューパロに移して開催してきたが、それももはや限界だった。実行委員会は夏季に時期を変更しての再開を模索したが、折からのコロナ禍で、Huluの全面支援のもとにオンライン開催となった。「ゆうばり国際ファンタスティック映画祭」という名称自体が、ヴァーチャルなものとなってしまった。

鈴木直道はこの年、二月の雪まつりをきっかけに全国に先駆けて流行に火が付いたコロナ対策に奔走した。毎日テレビカメラに向かい、メッセージを発する姿を人々は好意をもって受け止めた。「新北海道スタイル」と銘打ったコンセプトで、対策に手をこまねいていた政府をしり目に、「これぞリーダーシップ」の印象を広めることに成功した――この鈴木の「英雄」的な姿に焦った政権が、その後、墓穴を掘る施策を次々打ち出していったことについては、もはや語るまでもないだろう。

しかし私には、どうしても鈴木の姿は中田鉄治にダブって見えてしまうのだ。もちろん見た目は全く対照的であり、二人の言動についても共通する部分は少ない。だが、今回も夕張市は「リニューアル」の途上で、手放されたように思えて仕方がない。鈴木の知事選出馬を受けて二〇一九年に市長となった厚谷司は、生粋の夕張人である。政策の継承を掲げての当選ではあるが、おそらく厚谷には、鈴木とは異なるこの町の「風景」が見えているのだろうと思う。選挙の直前には、石炭博物館の模擬坑道の火災があった。二〇二〇年末には、観光資源の最後の砦でもあった夕張リゾートが廃業。町の苦難はまだまだ続く。

8　夕張と東北、渋谷を結ぶ

三井系の北炭が拓いた本町・清水沢などの市の中心部から東に大きく外れた夕張岳の麓に、かつて住民が誇りを持って「大夕張」と呼んだエリアがあった。三菱大夕張炭鉱の城下町で、最盛期の一九五〇年代には二万人の人口で栄えた鹿島地区である。二〇一三年以降、元石炭博物館館長の青木隆夫とともに、私はその町の写真などの資料を整理する仕事を細々と続けていた。

鹿島地区は現在人口0人。国内最大規模の多目的ダムで全国第二位の湛水（たんすい）面積を誇る夕張シューパロダムに沈んだ街として語られている。三菱大夕張炭鉱の閉山は一九七三年、仕事を求める多くの住民は、隣接する南部地区（三菱南大夕張炭鉱事業地）などに移った。しかしそれでも二〇年弱の間、ささやかではあったがここに人々の暮らしのぬくもりは残り続けた。大きく動いたのは、一九九一年のダム着工決定である。その後一九九八年の全戸移転で、鹿島地区から完全に街の灯は消えた。

その後の経過もやや複雑である。建物の多くは取り壊されたが、既設の大夕張ダムの水没に伴う国道四五二号線の付け替え工事完成がようやく二〇一一年末、試験湛水（たんすい）の開始が二〇一四年――更地となった街は、十年余にわたってその寂しい姿を晒し続けたのである。現在も新国道から下をのぞき込めば、随所に暮らしの微かな痕跡を確認することができる。そしてそこから視線を上げれば、あの日と同じように、眼前には夕張岳が聳え立つ。この風景を前に、訪ねてきたかつての住民たちの心には、ひとつの問いが浮かぶ。「私たちは、なぜこの街を離れなければ、ならなかったのだろうか」。

この問いは、東北の被災地の声とも重なる。特に災害危険区域に指定されて、高台移転や別の地域への移住を強いられた人々にとっては、そこに巨大な防潮堤が出来上がり、きれいに均（なら）された土地に公園や追悼施設がきれいに出来上がっていく様子は、おそらく「なぜ」の言葉を禁じ得ない、もどかしい光景ではないだろうか。実際、多くの沿岸部の例を見ると、その土地にかつて暮らした当事者と、「復興事業」を進める行政との話し合いは、ぎこちない時間を刻んで今日に至っている。住民を排除したうえに、新たな資本を導入して、かつての生活の記憶に蓋をしようとしているようにも映るケースは、全く無いとはいえない。

今日よく聞かれるようになった「創造的復興」という言葉は、そもそもは阪神淡路大震災の折に当時の兵庫県知事の「単に震災前の状態に戻すのではなく、二一世紀の成熟社会にふさわしい復興を成し遂げる」という談話から広がったものと言われている。しかし、以降災害の度に、その地域行政の責任者に繰り返し使われることで、すっかり常套句として定着し、いったい何が「創造的」であるか、根拠がわからなくなってしまっている。よく比較される「復旧」という言葉と対比することによって、おぼろげに印象づけられる意味は、「かたちだけ」でなく「機能」を伴った施策を行うということで、それは専ら「安全」「安心」「安定」という観念と結びつけられている。

しかしそこには、「生活」のイメージを利便性や快適さを求める価値観に切り詰めていく流れがあることを見落としてはいけない。過去を単純に悪しきものとして片づけ、その上に「新しさ」を纏うことを善とする考え方は、被災地に限らず、実はオリンピックを契機に町のインフラの大改造に着手した東京・渋谷の大工事にも通底する——共通するのは、かつて存在していた日常を根こそぎ消し去る力の現前である。

都市空間の空前の「再開発ラッシュ」は、建設業界と流通業界が限られた経済成長の担い手として期待されていることの直接的な表れでもある。実際、停滞する景気の中で（コロナ以前）は、この二業界だけが突出した有効求人倍率の数字に踊っていた。そして片っ端から見慣れたビルを壊し、地下を掘り返し、人工的に焼け跡をつくる——これは被災地で「復興へのエネルギー」を演出する作為にも直結している。

とりわけ外苑から渋谷一帯の変貌の異常さは筆舌に尽くしがたい。一九八〇〜一九九〇年代、バブルに浮足立ち、次々と新しい店が軒を並べるようになったが、それでも一歩路地に入れば、そこには生身の人間の日々の営みを感じる空間があった。そこに思い思いのファッションに身を包んだ若者たちがまるで「迷い込んだように」漫ろ歩く情景が刻まれた当時の写真や映像を見ると、それでも等身大の夢を描きあう相互行為が世界を成していたように見える。だが、その空間も今や屹立する高層ビルと、無時間的な迷宮と化した地下街の中に回収されようとしている。

改めてオギュスタン・ベルクの「風景は風土の動機〈モチーフ〉」という言葉を噛みしめてみる。「風景の生命には、三つの水準がある。すなわち自然（地質、進化、季節の循環……）、社会（人間的出来事の歴史）、そして個人——当の風景を現前あるいは表象において眺める、あなたや私——の水準である」（『風景という知』、p.12）。都会にも都会なりの「自然＝生態系」がある。そう解釈したとき、開発によって「傷ついた風景」の背景に、「歴史」の喪失というもう一つの課題が見えてくる。空間は常に、時間の認識とともにあったはずなのだ。

9　「ふるさと」の在処

中田鉄治は市長を退く際に「こころに安らぎがもてる、落ち着いたいい街になった。そのことに市民はまだ気づかないけど」という謎の言葉を残したと聞く。あまりに激しすぎた二四年とのギャップを感じる一言である。でも、あれだけ町の風景を動かし続けた彼が「ふるさと」という言葉に拘っていたことは不思議でもある。中田自身は本当にそう思っていたのかもしれない。彼にとっての本当の「ふるさと」は、いったいどこにあったのだろうか。

メディアに数多く露出した中田のインタビューを再構成してみると、わかることがある。それは彼が愛した映画的なフィクションの世界と、夕張の風景が重なる点を指し示していたのだ。「ふるさと」とともに彼が愛した言葉は「山河」であり、実際、残された映像の中でも夕張岳の遠景や、四季折々の自然の姿を好んでいたことが語られている。彼のイメージの中には杜甫の「国破レテ山河アリ」（春望）の一節があった。人々が去った炭鉱住宅や廃坑の跡を、戦乱の残骸に見立てたこのロマンチシズムは、ある意味、現実の風景とそこに至るさまざまな出来事が結びついた「物語」であったのだ。彼が夢見たエンタテインメントの「中の人」としての人生と、さまざまな映画作品からサンプリングした情景が、六期二四年の夕張市長としての時間の中で、彼の脳裏では矛盾なく再構成されていたのである。

中田鉄治の政治は、確かに優れて実践的な、「ふるさと」を求める行為の連続であったといえる。それゆえに多くの市民を惹きつけ、あるいはそれ自身がその理想と現実を引き裂く契機となったのだ。重岡徹は、「最近一〇〇年間の『ふるさと』の語られ方」という論文の中で（『農村計画学会誌』二〇一二）、一九一一年に唱歌『ふるさと』が発表されて以降、今日に至るまでの「ふるさと」という言葉に託された意味を分析している。とりわけ一九七〇～一九九〇年代と九〇年代後半から二〇〇〇年代に顕著となった用例の急増状況を比較し、〝発見され〟〝観念化される〟「ふるさと」から、〝多様化し〟〝希望化する〟「ふるさと」への変化を読み取っている。

それは、人々が「ふるさと」という言葉に託す想いの揺らぎに対応している。まさに先に上げた番組（『NHKスペシャル・日本リゾート列島』）のサブタイトルに謳われた「ふるさとの風景が変わる」時期を越えたあたりから、具体的に指し示すことができるリアルな対象を持たない、想像され（イマジネール）象徴化される（サンボリック）な概念へと、「ふるさと」は移行しはじめるのだ。「ふるさと創生事業」「ふるさと納税」といった複合名詞化は、もともと土地を離れた出郷者が出身地を指し示す意味が希薄化し、この言葉が抽象的な、多くの人が肯定的印象を抱く符丁となっていったことの表れである。

こうしたユートピア的なイメージが、都市生活者を満足させるものとしての「リゾートの思想」のイデオロギー性と容易に結びつくことになったのは、人々の浮遊性――レイモンド・ウィリアムズが「モバイル・プライバタイゼーション」と呼んだものの生活様式が極限まで行きつき、再びローカル空間の収奪に向かった現象として理解できよう。ウィリアムズがその認識をベースに『テレビジョン』に代表されるメディア文化を論じたことを考えれば、中田がそうしたものに接近して、言葉を発する志向を持っていたことも理解できる。彼が口にした夕張の「こころに安らぎがもてる、落ち着いたいい街になった」印象は、ある意味、時代のステレオタイプを表現していたのである。

ところで興味深いことに、重岡はこの「ふるさと」という言葉の揺れ動く位相を明らかにしていく過程で、O・F・ボルノウの『人間と空間』の記述に触れている。それはまさに中田の言葉にあるような「安らぎ」「落ち着き」に近い感覚（「くつろぎ」「根を下ろす」(p.121)）について説いている部分であるが、ボルノウははっきりそれを「住まうこと」、すなわち家屋が与えてくれる空間との関係性において論じている。しかしそれは単純に家屋の物理性が与えるものではなく、人間的な意味での「それをこえてひろがっている包括的な空間一般」への「開かれているやすらぎ」(p.289)なのである。

しかし人口が減りつづける夕張では、その実現の最初の条件である「住処のない状態」を乗り越えることがまずできなかった。むしろ彼はその現実に直接に抗うのではなく、想像の中でカウンタ―イメージをヴァーチャルに立ち上げようとし、映画やポピュラーカルチャーの「物語」に求めるチャレンジを続けたのだ。「歴史」のシビアさに対して、その「故郷喪失感」の埋め草にフィクションをあてがう中田の方法は、格差にあえぎ、コンテンツ産業が生み出した「聖地巡礼」ブームに群がる地方創生策の「蜘蛛の糸」となって、今日も継承されている。

第二節　人間的時間の生成

1　風景と物語

ボルノウは言う。理想的な人間と空間の関係を築く、すなわち「真に住まう」という課題は、「時間的な順序でつぎつぎと展開されるだけではなく、また生活の過程のなかでも保持され、そして豊富に内的に分節化された層体系をなして重なりあっている」(『人間と空間』、p.291)と。実は『人間と空間』の理論は、「生きられる空間」の諸相および分節の契機を列挙するのみならず、その生成に時間が関わっていることを最後に主張している。

そもそもボルノウにとって「空間」の研究は、「現代の危機」の鏡としての実存主義の克服を目指したものであり（『実存主義克服の問題：新しい被護性』）、その条件を具体的に示した仕事が、『人間と空間』であった。一般的な思考においても、空間と時間は対になるパラダイムであり、ボルノウもそのことを強く意識していた。がゆえに、彼自身『人間と空間』の日本語版の序文において、この二冊に加えて一九七二年に書かれた『時へのかかわり』を挙げ、この三冊をもって「全体を構成する」ことを言っている。

ボルノウは「時間」については「空間」よりも単純に問題の軸を捉えている——それは「消滅に対する恐れ」(p.13) であり、分節されることによる正しさ（時間厳守など）の両義性（p.37）である。そもそもの原点たる「気分」の問題に引きつけられたこの分析は、その「安定」に関わる要因の空間との違い・相補性を説明すると同時に、「全体」「統治」などに絡みつく権力なるものの在処を予感させてくれる。

しかしこの「時間論」では、ボルノウのもう一つの顔である教育学的志向が前面に立ち、残念ながら「空間論」にくらべて観念的な印象が強い。『人間と空間』の序文において示された「空間における住まうことと、時間における希望すること」の「内的な統一」というテーゼに対し、『時へのかかわり』で検討された「プランニング」(p.104-114)「ストラテジー（戦略）」(p.115-116) といったコンセプトは、「空間論」に対置される次元に届いていない。その計画的行為としての側面は建築設計図や地図に紐づけられる（p.106）にとどまり、「空間」の概念で「時間」を捉えていることが伺えるのだ。結果、ブロッホ『希望の原理』への注釈をすること（「時間に住まうこと」）をもって、結論が落ち着いてしまった（p.191）。

そもそも私が、ボルノウの再読を試みたのは、「生活とは何か」を問う主題において「風景」が重要なフレームを成すという仮説を立てたからであり、そこに「住まうこと」、その具体的・実質的な支えとなる「家屋」「道」という分節の契機が見出せたからである。しかしそれに対応する「生きられる時間」の構成概念は、残念ながらここには見当たらない。「希望」を掲げ、それに「過去」「未来」を媒介する力動性を期待するが、残念ながらそこからは、ハイデガーを用いて当為論を展開した以上の印象は得られない。

時間を論じる際に核となる、「空間」における「風景」に当たる位相概念は何なのだろう――中田鉄治の、メディアにおいて発せられた言葉を振り返る中に手掛かりはあった。それは「物語」である。ジャン＝ミシェル・アダンは言う「テレヴィジョンから映画まで、子供たちの眠りに寄り添うお話から大人の心を奪う話まで、日刊新聞から歴史書まで、文学的な虚構から宗教上の譬え話まで、政治的な寓話から笑い話や広告まで、きわめて多様な形の物語が私たちの生活に区切りを入れている」（『物語論』まえがき）――この生活に「区切りを入れる」ものという眼差しが大切なのだ。野家啓一は「実際に生起した出来事は物語行為を通じて人間的時間の中に組み込まれる」（『物語の哲学』、p.9）と言う。フランシス・フクヤマが提起した『歴史の終わり』のテーゼに抗する意味で発したこの言葉は、ボルノウが「住まうこと」をもって、空間の人間化を見出したことと同じ次元で、「物語」が時間を認識対象に置くための具体的な手続きであることを指し示している。

2　時間と物語と隠喩的関係

二〇世紀の人間学的知の世界を幅広く渉猟した哲学者ポール・リクールの仕事の一つの焦点は、この「物語」の位相を解明することに特に向けられている。「時間は物語の様式で分節されるのに応じて人間的時間になるということ、そして物語は時間的存在の条件となるときに、その完全な意味に到達するということ」(p.99)——主著『時間と物語』の基調をなすこのテーゼは、両者の関係の相補性を謂う。ここにおいて「物語」は時間のゲシュタルトとして位置づけられる。

少し柔らかく言うならば、リクールは、人間がさまざまな出来事を「時の流れ」として受け止め、解釈していくうえで、「物語ること」が不可欠の行為となっていたことを示している。その物語論は、旧来の文学理論としての物語論とは一線を画している。確かに「テクストの存在」を前提とはしているが、そのテクストが「書かれ~読まれる(受容される)」プロセスを一連の「行為」と捉えることによって、人間の「生」あるいは実存に関わる概念として指定している点が特徴だ。形式的にはジュネットがプルーストの『失われた時を求めて』を題材に、物語の三つの相(物語内容／物語言説／語り)を抽出した(『物語のディスクール』)仕事に近いが、それを実践的な次元から逆照射したものとみることができよう。

リクールは、「物語」の生成を三つのミメーシス(模倣)の段階、その循環性によって説明する。

ミメーシスⅠは物語の創造（ポイエーシス）に先行する行動理解、ミメーシスⅡは分析の軸となる統合形象化（物語を形作る）過程、ミメーシスⅢはそれが聴衆あるいは読者の世界と交叉する段階である（『時間と物語』：三重のミメーシス）。世界に存在するさまざまな意味の断片を拾い上げる（ミメーシス）のみならず、それを組み立てて一つのかたちを成すようにし、それをまた実世界へ投げ込むという循環というモデルをリクールは描いて見せた――その重要性は「ミメーシス＝ミュトス（筋）」というテーゼに集約されている。

リクールの「物語論」は、そのダイナミズム（「力動性」）を、この方程式の両端の項相互の「媒介性」によって説明する。その背景には記号論的な連辞（サンタグム）×範列（パラディグム）による意味空間の原初形態が想定されている。そこに「筋立てる」「働きかけ苦しむ」（p.105）という行為が介入し実践的領域において「理解」する状況が発動するわけである。すなわち「行動の範列的次元から物語の連辞的次元に移行するときに、行動の意味論の用語は統合と現在性を獲得する」（p.106）のだ。リクールにおける重要な概念である「隠喩」が、ここで機能する。それは連辞によって繰り出される（ラカン的に言えばリアルな：無媒介的な）時間と、三つのミメーシスによってつながる「過去に意味づけられた範列と現在」を交叉させる（『生きた隠喩』）。その日常性と象徴イメージが互いに指し示しあう関係（p.106）が、また時間の刹那（瞬間）を知覚させる――「物語」の力動性は、三重の「時間とのかかわり」を内包している。

この瞬間の知覚を束ねるものが「筋（ミュトス）」である。リクールはアリストテレスの『詩学』

からこの概念のインスピレーションを得ている。しかしそれは「ミュトスつまり出来事の組立てをミメーシスの〈対象〉として構成するということだけ」(p.63)というシンプルかつ禁欲的な援用に止まる。だがそのことによって任意のモデル=ジャンルの発生を説明しうる可能性に開かれる。「筋」が「調和を強調する」ものである(p.68)という性格は、「論理的性格にのみ執着」し、むしろ時間性から遠ざかることによって「時間概念に接近する」という逆説を生み、それが物語の多様性を担保するのだ。

つまり、「物語」と時間との関係は一義のものではない——「筋立て」は出来事や断片(瞬間)を束ねるものではあるが、そこにはさまざまな人間的な時間のありようがあるのだ。このことから、ウンベルト・エーコが初期メディア論で、この「筋」を「偶然性」に対置し、放送や映像編集の鍵を握る概念として提示したことが想起される(『ウンベルト・エーコのテレビ論集成』)。テレビというメディアの時間の中で行われるスイッチングや編集行為の中に、エーコが見出したこの関係性は、仙台沿岸部の生活を描いた伊藤孝雄と伊藤純の仕事の意味、さらには夕張という町で一九八一〜三年という同じ時間を体験しながら、その映像がいっぽうで『地底の葬列』というドキュメンタリーに、他方で『飛翔(はばたけ)・ゆうばり』というPR(あるいはそこにおける中田の言葉)に行きついたことを、説明してくれる。

3　歴史とフィクション

リクールの物語論のもう一つの重要な特質は、「歴史」と「フィクション」の関係をニュートラルに捉えた点である。それは筋立て（ミュトス）の「開かれ」の原則を踏まえて考察された帰結ではあるが、それまで一般に広がっていたHistoryとStoryの語としての同一性による、歴史物語の「物語」としての特権的優位性の先入観を覆すものであった。

彼によれば、歴史がイコール、時間の経過を客観的基準に照らして記したものであるように思うことが誤りであるのと同様、フィクションがアクチュアルな時間とは無関係に創作されたものとするのも浅薄な思い込みである。それはともに筋立て（ミュトス）の機能に依拠しており、「筋立てる行為が二つの時間的次元――一つは年代順的（クロノロジック）、他は、非年代順的――をさまざまな割合で組み合わせる」(p.120) からである。すなわち歴史物語とフィクションは、この多様な時間の配合のグラデーションで結ばれた連続的なカテゴリー（非対称的カテゴリー：p.144）として扱うべきなのである。

さらにリクールは、歴史とフィクションのインタラクションについても述べる――「歴史がフィクションから借用するのと同じだけ、フィクションは歴史から借用する。この相互借用が、歴史記述とフィクション物語との間の交叉する指示作用 référence croisée の問題を提起するのを許してくれる」(p.145)。彼は言う「物語による時間の再形象化は、私見によれば、歴史物語とフィクション物語の共同作品なのである」(p.163)。

それは一例として「どんな物語も、非現実を物語るために動詞の過去時制を日常的に使うことが証明している」(p.144) ように――つまり、それを成立させるのはその物語自体が時間を持つのと同様、その外部にある時間の中で創られ、語られ、そしてそれを受容する人々の公共的時間 (p.146) の形成に結び付けられる蓋然性があるからである。そう考えれば、一九八一―三年を映した『地底の葬列』と『飛翔・ゆうばり』の二つの映像が、隠喩的に相互の時間を指し示し、一つの「夕張／ゆうばり」における「生活（の現実）／ふるさと（の理想）」の界面を指示する力動性が見えてくるだろう。

さて、その蓋然性こそが、こうした指示作用の交叉を担保する（アウグスティヌスから引用した)「精神の広がり」である。先にそれは連辞×範列で示すことができる意味空間であることを挙げたが、もう一つこの連続性と相互性を考えると、その両端にある「極」、すなわち限界理念が、その意味空間を縁取っていることを気づかされるのである。それをリクールは「時間の他者」を想定することである (p.34) と言う。グラデーションの両端に位置する時間という観念の否定でもあるそれは、ずばり、「永遠」と「死」である。

最も引き延ばされた「安定した」時間である「永遠」と、逆に「密閉された有限性」にせき止められた時間の際に現れる「死」――この両者のコントラストと、同質性（あるいは補綴性）に、時間に関する洞察は行きつかざるを得なくなる。「本書（『時間と物語』）が提出し得るもっとも深刻な問題とは、物語性と時間についての哲学的反省が、永遠と死を同時に考えるのをどこまで助けてくれるかを知ることである」(p.151) と、リクールは言う。

「永遠」と「死」は物語の中で、往々にして置き換えられる。それは日常における弔いの言葉や、さまざまな宗教的言説を例にあげるまでもない。「死」という現象そのものが、物語られる必要を求めていると言い換えてもいいかもしれない。その接続は、そのことによって停止された「現実の時間」が贖われるという、三項の関係で示すことができる。時間の停止は意味空間のダイナミズムの停止なのであり、それゆえに逆説的ではあるが永遠のイメージの安定した備給が不可欠とされるのだ。

とりわけそれはフィクションの役割である。リクールは『時間と物語』の第二巻の終盤で、三つの物語(ヴァージニア・ウルフ『ダロウェイ夫人』、トーマス・マン『魔の山』、マルセル・プルースト『失われた時を求めて』)を取り上げ、死あるいは時間の喪失と物語の関係を考察する。そこから彼は、「失われた時」と「見出された時」の弁証法的関係を抽出する。すなわち、これらの「時間の他者」は、全くリアルな時間のダイナミズムから切り離されたものではなく、物語の中では人々を「〈時間〉のなかのそれぞれの場所に戻す」(IIp.266) 契機として働いているのである。

4　ユートピアの時間性／エロスとタナトス

しかしながら、時間性の「契機」とはいっても、「死」は「生」のプロセスの中にある我々にとっては、耐えがたい切実さを持って迫ってくる。この点についてはボルノウも指摘している――

「時間にたいする人間の正しい関係を問うとき、けっして任意の個別的な問いが問題になっているのではない。それはむしろ生そのものにおいて抗しがたい力で迫ってくる問題なのである」（『時へのかかわり』p.13）。「死」にあてがわれる「永遠」のイメージは、そうした範列関係の表れといえる――それは、フロイトが説いた「エロスとタナトス」の表裏一体性とも通じている。

したがってそこでの「永遠」の提示が、「ユートピア」的性格を帯びるのは、避けがたいところがある。リクールもこの観念には注目し、一冊の紙幅を費やして論じている。ところで、そこで対置されている概念が「イデオロギー」であるという点には、少し立ち止まってみる必要があるだろう（『イデオロギーとユートピア』）。カール・マンハイムの戦前に書かれた同名の書の「読解」というかたちを借りて、リクールは両者の関係が、現実社会との距離の調整の役割を果たすことを、数々のユートピアの例示をもって語る。

マルクス主義において「虚偽意識」として断罪されてきた「イデオロギー」が、「ユートピア」との関係という水準で、物語論的に読み解かれる対象として措定されていることが、まずは目を引く。それを踏まえるならば、「ユートピア」のフィクションとしての性格が、非場所・非時間的な極みに近い位置取りが、遡及的にその契機を成す「イデオロギー」的状況の「死」への近さを指し示していることに気づき、衝撃を覚える。

考えてみるならば、「ユートピア」が物語として表れる、あるいはリアルな状況下において語られる対極には、必ず切実な現実が存在している。ソルニットが見た「災害ユートピア」においても、中田鉄治が広げた「映画のような街」の風呂敷も、遡れば、ウィリアム・モリスがタイムスリップした『ユートピアだより』においても――そこには資本の暴走が見え隠れした日常の惨事があり、「ユートピア」はそこで「束の間の夢」として、癒しの時間を与えるために出現したものといえよう。

しかしなぜ本来「永遠」であるはずの「ユートピア」が、限られた時間の刹那に切り詰められたかたちを採らざるを得ないのか――その「反転」は、それによって補われる「イデオロギー」的世界が、そもそも時間の限界値である「死」を「永遠」であるかのように騙っているから、という推論に我々を導く。

ノーマン・ブラウンは、フロイトが示した生の欲動と死の欲動の二重性を、人間の文化史の様相として捉え返した。原題"Life Against Death"（邦題『エロスとタナトス』）の第一五章「汚れた金銭」は、まさにその「イデオロギー現象」の捏造された不滅性を、金銭と排泄物の等式として描いている。「あらゆる都市は永遠の都市であり、文明化した貨幣も永久に残る」。そこにおいては「永続は死を克服すること」であり「文明は死を克服する試み」として受容され、そこでは「死の本能は人間の神経症の核心」（p.288）として生活に常駐する――こうした「イデオロギー」と「ユートピア」の関係の倒錯を見ていくと、我々はとりわけ、「死」と紙一重のところで「生」を営む炭鉱都市の生活、ブルシット・ジョブと官僚制のユートピア、そして長引くコロナ禍における生活を思い浮かべて、いたたまれなくなってしまうのである。

5　意味の破断に抗する「声」

レベッカ・ソルニットが指摘した日常の災害性というパラドックスは、ユートピアが本来の「永遠性」が損なわれたかたちで出現するということとパラレルな関係にあった。それは人間と空間というレベルで言えば「風景」の、そして時間のレベルで言えば「物語」が生み出され、人々に共有されていくプロセスが問題を抱えていることの表れであるといえよう。

繰り返しになるが、リクールの物語論の核心をなすミメーシスとミュトスの関係性は、「隠喩」が生きたものとして機能するかどうかにかかっている。仮に、それが上手くいっていないとするならば、その現象はミメーシスⅠ、Ⅱ、Ⅲのそれぞれの段階で、意味の受け渡しができていないことを暗示していると思われる。もともと「物語」は、断片的な事物を組み立てるフレームであるわけだが、だとすればその破断に関わるものに目を凝らすことが、謎を解くための有効なアプローチということができよう。

端的に言うならば、その鍵を握っているのは「メディア」である。メディアが「語り」の連続性のアーティキュレーション（節合）を担うようになって以降、テクスト（書かれたもの）の秩序は新たに表れるテクノロジーとともに次第に弱体化していった――これが、マクルーハンが言うところの「メディアはメッセージ」のテーゼの謂わんとするところである。「歴史の終焉」に関わる華やかなりし議論も、煎じ詰めればこの連辞の危機に由来するものといえよう。隠喩の前提となるミメーシスⅠの範列機能も、過去の連辞の蓄積によって成立するものと考えれば、この環境変化は決定的である。

野家啓一は柳田国男『口承文芸大意』やフッサールの『幾何学の起源』を参照しつつ、物語が「口と耳」によって「語られる」ことの重要性を提起する。その豊饒さは「伝聞」の連鎖による時空間的な開かれによって特徴づけられる（『物語の哲学』、p.62）。文字言語が「物語」をテクスト化し、それによって人称を失い、裁断されうる蓋然性を引き受けたのは、そこに伝播手段としてのメディアの介在があったからである。逆に、口承言語は語用論的に見ても、意味が言語の内部に集約されることはなく、送り手と受け手の「受け渡し」の過程に連続性と作用・反作用による変化の自由を取り込み、広がる――これを野家は「生活世界の解釈学」と呼ぶ（p.70）。

逆に言えば、我々の生活における経験は、この「語り―聞く」行為のなかにおいて「関係了解」という文脈的理解に支えられ（p.82）獲得される――物語行為こそが「経験」を構成するのである。この物語ることを介した共同性の実現という問題について、岡真理は『記憶／物語』の中で、自らの体験を交えて、仮説を提示する――それは個々人の記憶の分有がいかに行われるかにかかっている。戦争や災害という極限化された出来事の分有は（p.77, 92）、出来事の言語化しきれない余剰によって可能になる。そこでは、濫喩（カタクレーシス）が働く――濫喩とは「生き生きとした」隠喩の否定的な側面である。岡は言う。「濫喩とは、とりあえず、そのように呼ばざるを得なかった言葉たちである」（p.121）すなわち、隠喩の機能が安定しない状況における範列×連辞の空間を縫う意味の結びつきを表している。それは、他者との言葉のやりとりを前提とする。

「「私」に先立って、常に他者の声がある」「〈出来事〉の記憶を分有するという営為とは、この他者の呼びかけの声にその無能さと受動性において応答するものに他ならない」(p.98)、野家もフッサールを引きながら、その「初次的な客観性の成立基盤を音声言語によるコミュニケーション行為」の中に見る——「伝達共同体の成員による言語を媒介とした『追理解』の連鎖が、同一性の明証を個人主観の内部領域を超えて共同化するのである」(『物語の哲学』、p.36)——だとするならば、本来安定した共同性の中において行われるべきこの行為が機能しない(=物語が裁断されることをもって理不尽とする)状況で発せられる「声の現象」は、既にそれを拾う者の存在を仮定したメタ・ファンタジーという名のドキュメンタリーであるといえよう。

岡は、その態度を「難民として生きる」(p.112)アティチュード(姿勢)として提起する。安定した自明性の時空間の中に生きることから疎外された人々の「声」を介した連帯。「住まうこと」に対する「さすらうこと」の位置取り。それを求める志向こそが、もしかすると「災害の日常性」を克服する、すなわち止まった時間を取り戻す、一つの道を示唆しているのかもしれない。

6 「語る」ことの贈与性

リクールは『時間と物語』三巻(第三部)の「結論」で「物語による時間の再形象化の問題」、すなわち「歴史物語とフィクション物語それぞれの指示作用の思念を交叉させる」ことの可能性について説明する。まずは「テクスト世界のような思考の材料」が供給されることに加え「他方そのテクスト世界は補完してくれるものを待っているのであり、それこそは読者の生活世界であって、それなしに文学作品の意味は完結しないのである」（II. p.302）――もちろんこれは「文学」を念頭においての話ではあるが、物語る行為全般に敷衍して理解することができるだろう――すなわち時間を構成する「物語」には、着地すべき空間が必要なのである。

ボルノウの中心的なコンセプトである「住まうこと」が、その「交叉点」の在処を指し示している。「かれがそうすることができるのは、ただ、破壊と荒廃についての一切の知識を越えて世界への究極的な信頼によって支えられているからに他ならないが――、そうすることによって空間のなかに住まうように、人間はまた次のようにして時間のなかに住まうのである」（『時へのかかわり』、p.193）。ここで言う「次のようにして」は、やや観念的・受動的に読めなくもないが、その一文にある「一切の無常性を越えて指し示す一つの意味を付与すること」の積極性は、岡の「難民として生きる」、言い換えれば「さすらう」姿勢と決して矛盾するものではない。

そう考えたとき、改めて我々はマルクス・ガブリエルのアジテーション（あるいは「逆説」）――「世界は存在しない」を理解することができよう。「存在しない」と仮定すべき相手は「所与（与えられた／お仕着せ）の世界」なのである。そう考えることによって「意味の炸裂」が引き起こされ、かりそめの「全体性」は引き裂かれ、「数多くの意味の場」が連関をなすことによって現れる――すなわち「それ自体、つねに新たな意味の場のなかにしかありえません」（『なぜ世界は存在しないのか』、p.293）と彼が言うのは、その（移）動性のなかに「さすらい、住まう」ことの重なりを見ており、そこに「共同性」の核をイメージしているのである。

これはソルニットが言う「ブレイク・ザ・ストーリー」の逆説とも通じている。「心に留めておくべきことのひとつは、ストーリーのライフサイクルと食物連鎖です。これまでのストーリーを解体（ブレイク）するストーリー、つまり新しいストーリーは、余白や周縁から生まれる傾向がありますし」（『それを、真の名で呼ぶならば』、p.194）。「ストーリーでの闘い」は「ストーリーを祝福すること」でもある。そのためにはストーリー（物語）を「築き上げ、思い出し、伝承し」（p.230）ていく営みが必要だ。そのためには、差し当たっては「沈黙を打ち破る」ことが必要だ。「ときに発話と言葉と声は、多様性を受け入れること、認知すること、非人間的な扱いを終わらせ人間性を回復することを通して、変化の媒体となる」（『わたしたちが沈黙させられるいくつかの問い』、p.28）。

もちろん声には既存のまとまりをばらばらに壊してしまうリスクもある。ソルニットはだから「歩くこと」「迷うこと」の不安定さと可能性に照準した。それを引き受けるならば、まず可能なところから、個人的なレベルでは他者が発する「声」の受け取り手となる機会を広げねばならないだろう。または協働し社会を成すレベルで言うならば、その発話者と聞き手に安定した時間と空間を作っていくべきだ。それが、ハーバーマスがいうところの公共圏の最も素朴なイメージなのである。

「声を出す」ということは、一種の贈与として捉えることができる。仮にそれを聞くことによって受け止められたとしても、それに返す言葉が十全に得られなければ、それは負債として残る——文化人類学的なカテゴリーの原初形態として、こうしたコミュニケーションの端緒と滞留を想定することは、さまざまな社会の「謎」を解く契機となる。リクールが『時間と物語』の第四部（三巻）でこの問題を――とりわけ歴史を死者に対する「負債」である（III, p.183）と捉える点は押さえておくべきであろう。

リクールはモース『贈与論』に言及し、相互性・互恵性を自身の倫理を問うアプローチの中核に置いた（『他者のような自己自身』）。モースは、デヴィッド・グレーバーの『負債論』に代表される思考の出発点でもある。「負債」が「貨幣」となり、そこから肥大していった現在の経済システムの中で――「災害化した日常」の時空間を、その原点に立って捉え返す必要性と必然性を、この論者たちの繋がりに思わずにはいられない。

7　能のメディア論

二〇一七年、私はひょんなことから、能楽師と知り合いになった。大学がある平塚市で育ち、地元に伝わる曽我物語絡みの演目の復曲に取り組んできた加藤眞悟師である。初めて紹介してくれたKさんは、「能もメディアですよね」と気軽に言った――そのとき、私も「そうですね」と相槌を打った。深く考えていなかったが今にして思えば、それは大変な重さを持った返事だった。

加藤は、翌年「虎女（とらじょ）」を扱った「伏木曽我（ふしきそが）」に続き、「虎送」の六百年ぶりの上演の準備を進めていた。その折、市民講座で「能のメディア論」の講義をしてくれないかとの声がかかった。「しまった」と思ったが、これを機会に今まで疎遠だったこの伝統芸能の世界に触れてみるのもいいと思い、付け焼刃で勉強を始め、能楽堂に足しげく通った。そして仰天した。どこもほぼ満席で熱気と緊張感に包まれている。これは何なのだ。世阿弥らによって六百年以上も前に整えられた形式が現代に生きている——そうでなければ、渋谷セルリアンタワーやＧＩＮＺＡ６といった最先端施設の中に能楽堂が建てられたりしない。その不思議に直面したとき、「はっ」と閃くものがあった。

能には、人が「物語る行為」の基本的な骨組みがあった。余計な修飾が削ぎ落されているからこそ、その部分が強く形式化していったものと思われる。江戸時代に整えられた「五番立」と言われる上演形式は、「神」「男」「女」「狂」「鬼」にカテゴライズされている——「神楽」をルーツとする「神」を除けば、戦や恋の思いを遂げられずに死んだ男女の霊や、現世における常軌を逸した振舞いや排除された存在が主に描かれる。これらに共通するのは、日常と非日常をつなぐ「現世ならざる（あわい）」の時空間である。そして多くの夢幻能、修羅能と呼ばれるジャンルには、死者との邂逅が切り出されている。主にシテが演じる亡霊は現世の人間（前シテ）に乗り移る、あるいは夢に現れる（後シテ）かたちで言葉を発する。また面によって表情を隠して舞い、そして最後にはワキが務める旅人や僧によって、高ぶりを鎮められるパターンのものを数多く見ることができる。

ここには、発せられたまま受け取り手が得られない「声」の強烈な存在感がある。それは抑制され形式化された表現によって際立つ。能の「仕掛け」は、大きく分けると舞台、配役（配方）、演じられる物語（曲構成）、そして演出の四つの層で構成されている。順に少しずつ自由度が高くなるものの、基本は大きく揺るがない。特に謡（うたい）による時間の経過、固定の装置を排した「本舞台」と

「橋掛かり」の空間が、出来事と人の位置関係を示している点は興味深い。物語の始まりと終わりは、演者の静粛な入退場で刻まれる。そのゆったりした移動は曖昧な「間」をつくる。それはアクチュアルな時の流れ、空間の広がりを区切り、意味を与えているのである。ここで時間と空間を動かすのが演者の役である。「シテとワキ」、この邂逅こそが、現在と過去、此方と彼方を交差させるのだ。

「シテ」には特徴的な機能が配されている。「憑依」である。身体を持たない神や霊が「ワキ」が出会う無名の人々の姿を借りて語りの主体となる演目の多さ。あるいは「狂」「鬼」も「常ならぬ姿」を現した存在と考えれば、それは能のメタ主題であるとさえ言えよう。そこで観客が目にするものは、アイデンティティの混在とも言える輻輳した様相である。加えて専ら「シテ」が身につける「面」による演出。その象徴記号性がもたらす人称の消去は、徹底した聞き手である「ワキ」の経験を、彼の生業である「旅」のプロセスを介して集合的記憶の次元に昇華させる修辞効果を発揮する――これは「文化」の生成過程が、そのまま芸能化し、かたちづくられたものと考えることはできないだろうか。そしてそれが六百年以上も守られ、そこに魅了される人々が一定数保たれてきたという事実。

「能には、現代性がある」などというつもりはない。むしろ逆に時代の変化に振り回されないもの、あるいは時代の表面に浮かび漂うことなく沈殿した本質的なものが、この表現形式の中に引き寄せられるように設計されていたのではないか。「日常生活」と「災禍」との距離。それを我々人間は、物語ることで乗り越えてきた。だが、その事実は認めるにしても、「いまも昔も、いずこにおいても、それは変わらない」と言って片づけておけるものではない。「災禍の日常を生きる」ことを強いられた二〇二一年の我々には、「死」がそこここにリアルにあり、マスクという面が強要され、誰彼かまわぬ相手に声をかけることが諌められている——この状況において、シテとワキが出会い、言葉を交わし合う舞台は極めて象徴的な意味を持って迫ってくる。抽象化された空間だからこそ、静かに時間が湧きたってくる。

第三節　「物語」と「風景」が重なるところ

1　魔神は瓶には戻せない——デヴィッド・グレーバーの遺言

二〇二〇年九月二日、突然、デヴィッド・グレーバーの訃報が飛び込んできた。まだ五九歳、私と同い年のこの新進の思想家・アクティビストの死は衝撃だった。私と彼の仕事との接点が生まれたのは、つい最近のことであった。社会的合意形成のアポリアに嵌(はま)っていた私にとって、文化人類学的知見に支えられた「あいだの空間」というコンセプトは福音であった。実際、その概念によってするどく批判される対象となった貨幣経済や官僚制の歪、その中で強いられる『ブルシット・ジョブ』(クソどうでもいい仕事)などのワーディングの痛快さは、鬱々とした「災害の日常性」に風穴を開けるパワーをくれた。

二〇二一年五月末現在、グレーバーの直接の死因については明らかにされていない。しかし、本拠地イギリスから遠く離れた、厳しいコロナ禍中のベネチアの病院で亡くなったとの報には、考えさせられるものがあることは確かだ。この厄介なウイルスが日々の生活を脅かすようになって、既に一年以上になる環境下に暮らす我々にとっては、今日のあらゆる「死」が、このパンデミックとの関連で語られ得ることを知っている。その意味で、その存在がこの世界から唐突に消えてしまった事実自体が、さまざまな解釈を刺激することは避けられないだろう。私も、それから彼が残した言葉が、何かにつけて去来する日々を過ごしている。

グレーバーはおそらく自らの死を全く予感していなかっただろう。なぜならばウイルスの蔓延が世界規模の恐怖を巻き起こしていた四〜五月、その状況に対する極めてラディカルなメッセージを発していたのだ。そのフランスの動画ニュース「ブリュット」米国版およびドイツラジオ局「バイエルン放送」の番組インタビューの言葉は、彼の著作の邦訳を多く出版してきた以文社のWebサイトに残されている（片岡大右『「魔神は瓶に戻せない」――デヴィッド・グレーバー、コロナ禍を語る』http://www.ibunsha.co.jp/contents/kataoka03/）。

「通常こそが夢だったのです。今起こっていることこそが現実だった。これこそが現実です。わたしたちは、わたしたちをほんとうにケアしているのはどんな人びとなのかに気づいた。ヒトとしてのわたしたちは壊れやすい生物学的存在にすぎず、互いをケアしなければ死んでしまうということに気づいたのです」（『Brut America』より）――コロナは、我々の夢と現実の反転に気づくチヤンスであると言う。いわゆるエッセンシャル・ワーカーの重要性を単に指摘するのみならず、このメッセージは「普通」の人々の「普通」の状況における互いの「ケア」が、社会の基礎的な結びつきを作り出すことを訴えている。

「経済とは何かというと、わたしたちが互いをケアするための方法、わたしたちが互いの生存を支えていくための方法にほかなりません」(『Brut America』より)。グレーバーが訴える現実と夢の反転への批判は、我々にこの経済の本来の姿を見失わせるベース・システムに向けられている——「金融資本主義」。二〇〇八年のリーマンショック以来、あからさまにその姿を隠すことさえしなくなった、「災害の日常性」の元凶としての存在である。

しかしこの段階では、グレーバーはコロナ後の世界について、これまでの日常に戻ることとは別の道を進むべきであると主張してはいるものの、その一歩がどのようなステップであるかは示せてはいない。おそらく、アクティビストでもある彼は、これを機会に、そのことについて語り合うアクションを考えていたのだろう——このメッセージを紹介した片岡大右は、グレーバーの発した自身についての「アナキストのようなもの」という認識を手掛かりに、過去の発言(『アナーキスト人類学のための断章』など)に照らして市民的自由と国家の関係を考察する。

だが、グレーバーを中心としたアクションは、彼の死をもって実現されなかった。しかしWeb上に寄せられた数々の追悼のメッセージを読むと、その言葉は間違いなく生きており、多くの「出来事」を編む「物語る」行為を誘発していることがわかる。ソルニットもその一人である——そして、コロナは想定以上に手強かった。二年目に突入したパンデミックは、皮肉にもグレーバーが訴えた「別の道の選択」の不可避性を、仄めかしているように思われるのだ。

2 『寿町ドヤ街』――横浜・ことぶき共同診療所・田中俊夫の記憶

「金融資本主義」の全面化は、デジタル技術が席巻する社会とともに、その姿を現したかのように思われるが、実際は（特に我が国においては）近代化以降、常に、そしてじわじわと生活を切り崩すかたちで、滲みわたっていったものといえる。その原動力は純粋化した資本のオートノミーであり、それが形となって表れたものが「グローバル化」と称される現象形態なのである――夕張に代表される産炭地のエネルギー転換、あるいは東北の太平洋沿岸地域を揺さぶった漁業規制などは、まさにその一端を指し示している。

特に一九七〇年代に象徴される、さまざまな「転換」は、もちろん人々がエコロジーに目覚めるきっかけになったという意味でポジティブな側面もある。しかしそれは基本的には、経済発展を国際秩序化に置き、資本主義の延命を図るという新自由主義のイデオロギーにおいて、あらゆるものが取り込まれ、トップダウンで手段化されていくことを意味している。そこからは我々の「生活」も免れることはできない。「金融」の機械処理を本質としたデジタルなメカニズムは、その数字に紐付けされる現象とそうでないものを振り分け、「社会からの排除」をあからさまにしていったのである。

中田鉄治の「負債」の意味の無効化をベースにした貸借対象表は、グレーバーの言う文化人類学的カテゴリーの「負債」の負の部分が凝縮されたものだった。その結果、かの町の風景からはじき出された人々の一部は、「生活」の全体性を失ったまま、都市部の産業構造の中で「労働力」を「札束」で買いたたかれる日々に追い込まれていく——そうした、それまで「土地に根差した産業」に支えられていた地域から出ていき、高度化する経済社会を横目に見ながら「住まう場所」を得られず漂泊った人々の、流れ着いた先が「ドヤ街」である。

横浜の港湾労働者の町「寿町」は、東京の山谷、大阪の釜ヶ崎とならぶ「ドヤ街」のシンボルとして広く知られてきた地域だ。私は正直、二〇〇九〜一二年に横浜に集う大学教員たちとの「サテライト・キャンパスづくりの共同事業（北仲スクール、文部科学省「平成二一年度大学教育のための戦略的大学連携プログラム」）」に関わるまで、この町の風景を知らなかった。はじめてその路地を歩き、街角に座り込み、あるいはそぞろ歩く、住まいながらさすらう「おっちゃん」たちの姿を目にした時には、なんとも言えない緊張感を覚えた。そして自らに問うた——私と彼らとを隔てているものは何なのだろうか、と。

ともかく私は、ここで「生きてきた」人々の存在をまるで知らなかった。寿町総合労働福祉会館跡地に二〇一九年六月に新しい地域交流拠点として「ことぶき協働スペース」がオープンすることを期に、長年の友人であった杉浦裕樹（横浜コミュニティデザイン・ラボ）の誘いをうけ、この町の歴史に触れる機会を得た。そして私はそれまで知らなかった「風景」と「歴史」に衝撃を受けた。

かつての「ドヤ街」は、そこで暮らす人の多くが高齢者となり、高い「生活保護受給率」とそれにともなう支援の取り組みが集中的に試みられる「福祉の町」となっていた。そしてその変化を支え続けた取り組みの一つに故・田中俊夫医師（二〇一六年死去）が率いる「ことぶき共同診療所」の活動があった。

田中は一九六五年から「寿生活館（当時）」という生活相談所に八年間勤め、その中で医療が「生活」維持課題の基本にあることに行きつき、自ら四七歳にして医師免許を取得、一九九五年に診療所を開設する。しかしそれは医療行為のみを行う場ではなかった——開所直後から「ことぶき共同診療所だより」という情報発信を行ったのだ。後にその活動は「寿町関連資料室」を設立、さまざまな情報や町の記録の保全活動を行うとともに、二〇〇三年から機関誌『寿町ドヤ街』を発行し、さまざまな調査研究や論考を発表していった。

『寿町ドヤ街』に書かれた文章には一つの特徴がある。読み重ねていくとわかるが、論考とは言っても、それはこの町に生きる人々を決して突き放すことのない距離感がベースになっている。それはある意味、医療者の「目」なのかもしれない。しかしそうした健康状態に対する気配りだけではない。ひとりの人間の存在自体に傾けた微細な気づきやまなざしが記録されている。やはりこうした町だから、人の死はごく身近にある。『寿町ドヤ街』にもそうした死を悼む文章がたくさん掲載されている。そこには、決して統計情報に回収されない、一つひとつの人生があることに思いを馳せる言葉がちりばめられている。

アラン・コルバンによる『記録を残さなかった男の歴史』の仕事、その冒頭の「ルイ＝フランソワ・ピナゴはたしかに実在した」の一文が頭をかすめた。コルバンは、資料からの偶然の出会いから、未知の人生の「実像」を描くことを試みたのだが、田中俊夫は、毎日のように会う人の「そこにある」人生が、確かに存在したことをなんとか残したいと思ったのではないだろうか。「ドヤ街」に生きる人々の「生活」とは、それくらいその概念の本来の意味するところに対して、限界状態に置かれているということなのかもしれない。

3　釜ヶ崎詩集「こころのたねとして」——大阪・ココルーム・上田假奈代の大学

「ドヤ街」について話題にするとき、そこには高い頻度で「生活」という言葉が表れる。しかしそれは、「生活困窮者」「生活保護」などという複合名詞として聞こえてくるものが多く、既に「損なわれたもの」として認識される対象となっているように思われる。だが、「ことぶき共同診療所」の田中俊夫は、決してそのことを自明にはしていなかった。彼が、四〇歳を超えてから医師免許の取得を志したのは、その限界値としての「いのち」を見定めることによって、その上に積みあがっていく「生活」の豊かで具体的なイメージを得ることができると考えたからではないだろうか。

そのイメージをかたちにしていこうという取り組みに、私は時期を前後して出会っていた。二〇一三年、夕張や震災の東北と私の出会いの機会を与えてくれた「市民メディア全国交流集会（メディフェス）」が大阪で開催されたこの年、そのエクスカーションで西成・釜ヶ崎を訪ね、「N

PO法人こえとことばとこころの部屋（ココルーム）」を主宰する詩人、上田假奈代のガイドで街歩きをした。あいりん地区の職業安定所から、三角公園を経由し、隣接する「飛田新地」まで――「ディープな地域」と言われる一帯であるが、そうした町が細々とはいえ、今日まで「営み」を続けているという現実に、意外にも胸を打たれた。

着物姿で日傘をさした「いなせな」上田が、すれちがう「おっちゃん」に声をかけながら歩く姿と、その街路のコントラストに私は心を奪われた。本音を言えば、彼女がいなければ、この町の風景を、ちゃんと視界にとらえることはできなかっただろう。喫茶店を兼ねた拠点＝ココルームに戻り、コーヒーを飲みながら考えた――それは映像を介した「風景」の印象に近いものがあった。ただ遠くから眺めるものとしてのそれではなく、そこに媒介となる人がいることによって、外部者である我々も、その環境の中に入っていくことができる。

寿町を港の繁栄が大きくしたように、釜ヶ崎を膨れ上がらせたのは「大阪万博」の特需であったと聞く。「人類の進歩と調和」のスローガンが、このような不可視性の強い街を作り上げたというのも皮肉だ。「飛田新地」に流れ着く女性たちも、そういった加速する経済の力に振り落とされた人々であるという話も聞く。上田はなんでもよく知っている。それでいてその語り口は穏やかである。彼女の言葉にはやみくもな否定がない。あらゆる存在を生あるものとして、「風景」の中に受け入れている。

二〇一七年五月、大阪への出張の機会を利用して、三年半ぶりにココルームを訪ねた。上田らが二〇一二年から主催している「釜ヶ崎芸術大学」のプログラムに参加するためだった。私が参加したワークショップは「似顔詩を書く」というものだった。一〇分間相手と向き合い、似顔絵を描くように詩をつくる——実に不思議な体験だった。普段いかに自分が何かを見つめることの苦しさを避け、視線を泳がせてきたかがよくわかった。そして偶然ペアになった相手が、素敵というか存在に迫力があった。じっと私の顔を見て五分、彼は微笑みながら頰杖をついた。開口一番私に俳優の熊倉一雄に似ていると言った。で、私を好きになったと言った。そして彼は私の似顔絵を描いてくれた。

おそらく彼は私よりおよそ一回り上で、かなり長い時間を釜ヶ崎で生きてきたのだろう。でもその色とりどりのニコニコマークいっぱいの青いシャツと、黄色の眼鏡とピンクの腕時計を私は忘れない。ひとしきり「詩」を読んだあと「これから、あがた森魚のコンサート」に行くと言って足早に去っていった——この日「釜ヶ崎芸術大学」に集まった二〇人くらいの人の「詩」は、どれも美しく、凄みがあった。たぶん、私が一番つまらない詩を書いた。「言葉選び」をしている段階でダメなのだ、と思った。涙が出るくらい情けなかった。「生きている」リアルと言葉の距離を感じた。そして「生きている言葉を発せる」というだけで、ひとは力を持つのだと知った。

「思い出の場所詩」「この一年で感動したこと詩」「しんどいをのりこえる詩」など、詩のメニューはいろいろである。連詩など、詩作を協働で行うことが、その本質である隠喩性、範列と連辞が織りなす時空間性を体に感じさせる。限界状態に追い込まれた「生きていくこと」に力を与えるものは、まさにこの言葉の広がりを手にすることだったのだ。「死」の否定形であるところの「生」——単に「死んではいない」だけの「生」ではなく、積極的に「生きる」ために、人は「言葉」のなかに居場所を定める、言い換えれば「住まう」必要がある。それを実感することこそが、こうした「ドヤ街」のような切り詰められた場所において「生活」を考えることの意味なのであろう。

4　炭鉱に民話の生まれる時——『地の底への精霊歌』・今野勉の望郷

「死」に言葉を重ねる行為は、すなわち「弔うこと」として、生活の文化的な側面の形成に直接的に関わる。「災害」が人の心を壊していく理由は（「戦争」も同様だが）空間的にも時間的にも、この「弔い」の猶予が奪われることに求めることができる。それはいわゆる「自然災害」だけではない。「事故」など、「人災」の類も、当然その範列に並ぶであろう。むしろ人為的、社会的な意味での「やりきれなさ」「悔恨」が募るだけに、その言葉の重ね方には困難さが伴う。炭鉱事故は、そのある種の極みであるともいえよう。

日本初の制作プロダクション（「テレビマンユニオン」）の創設者のひとりである今野勉は二〇二一年現在、八五歳にして現役のプロデューサーであり、また『お前はただの現在にすぎない——テレビになにが可能か』（一九六九年・共著）の著者として、「メディア論」を、身をもって体現してきたカリスマである。事実を追うドキュメンタリーにも、フィクション物語であるテレビドラマにも軸足を持つ独特のクリエイティビティ・ポジションが今野の持ち味であるが、そのルーツが夕張にあることはあまり知られていない。

私と今野の出会いは、一九八一年の北炭夕張新炭鉱ガス突出事故から三〇年を機に、元石炭博物館館長の青木隆夫と共同で企画したシンポジウムであった。この機会に、『地底の葬列』の制作者である、HBC（北海道放送）の田畑智博、後藤篤志とともに、今野は一九九三年に制作したNHKスペシャル『地の底への精霊歌』を携えて登壇した。この作品（「番組」というより敢えて「作品」と呼びたい）には、「炭鉱（ヤマ）に民話の生まれる時」というサブタイトルがついている。夕張でも最も古い炭鉱町の一つである「登川」地区で育った今野が、炭坑夫だった父からきいた不思議な伝承の背景を探る、自伝的ドキュメンタリーである。

この「作品」にはいくつかの炭鉱の「物語」が描かれている。崩落事故の現場で、死んだ坑夫が助けに現れたという「物語」。火傷を追った坑夫の家を見舞い客に化けた狐が訪れ、かさぶたを食べさせて殺してしまった「物語」。今野はこうした生死にまつわる語り伝えを訪ね、証言と資料を集めていく。そのクライマックスが一九六八年の夕張・平和鉱事故のエピソードである。白骨化した炭鉱夫たちの再現シーンは衝撃だった。ドキュメンタリーがフィクションの成立の際を主題とする面白さ――「記憶」がどのように「物語」に転じていくか、そのプロセスを丁寧に描いていく映像の「筆致」は強く心に響いた。

シンポジウムの翌日、参加者と市内の街歩きをした。その時、今野は私に尋ねた。「水島さんはなんで、なんで夕張のことに興味を持ったの?」――あまり意識したことがなかったが、とっさにこう答えた——「小学生の頃、三菱の製紙工場の城下町で育ったんです。炭住街の風景が、なんとなくその思い出と重なって」。確かに一九六〇~七〇年代の高度経済成長下、都心や本当の意味の農村を除けば、国内はいずこも同じマッチ箱が並んだような住宅街が形成されていた。エネルギー産業のメッカは、我々の「生活の画一化」の原点でもあった。

今野と青木と私は、二〇一五年の「ゆうばり国際ファンタスティック映画祭」のレギュラー企画になっていた、「ゆうばりアーカイブ」の三つのスペシャルセッションで、地域の記憶を映像で振り返る場を設けた。旧市民会館で開催された最後の映画祭にあわせ、今野はこの町に残された「映像」を歴史的資産として活用できる環境づくりの提案を、二期目に入った鈴木直道市長に書面で行った。しかし残念ながらそれは空振りに終わった。破綻から復活した映画祭で二〇〇九年に青木と私で始めた上映会「ゆうばりアーカイブ」も、冬季開催が困難になった二〇一九年を最後に終了。炭鉱（ヤマ）の「物語」をつなぐ糸はますます細く、危うくなってきている。

5　イメージの家を歩く——「わすれン！」と、記憶の再配置

後藤、田畑らHBCの『地底の葬列』の制作者たちは、一九九一年に、夕張新鉱事故からの一〇年間を追ったドキュメンタリーを放送した。『過ぎていく風景』と題されたこの番組は、時の経過とともに変化していく人々の心を捉えていた。まさに「物語」と「風景」が互いにクロスする描写が印象的だった。

災害の記憶と時間の問題は、単純に忘却や風化といった一次元的な語彙で片づけられるものではない。「被災者」「被災地」とひと言でまとめてしまえるような当事者性は存在しないし、「復興」の向かうべき方向も実に多様だ。この各所に表れる小さな差異の扱い方を間違えると、それは分断の契機となってしまう。ゆえに生活の無意識に光を当てる「他者」の存在は重要になる。東日本大震災は、確かに前例のないくらいの広域災害であった。だからこそ一人ひとり異なるその経験を、丁寧に重ね合わせていくプロセスは大切な意味を持つ。

せんだいメディアテークが発災から約二か月後の五月三日に「3がつ11にちをわすれないためにセンター（わすれン！）」を開設したのは、そうしたおそらく複雑になるだろう出来事の関係性、月日の変化を記録し、発信していく必要性を考えてのことであった。「過ぎていく」時間を堰き止め、認識の肌理を浮かび上がらせるには、「協働」のモードが動きだす必要がある。それは必ずしも自然に生まれるものではない、何らかの「促し」「きっかけ」が不可欠だ――生活者と専門家の間に入って、その「つながり」をデザインするアーチストやメディア・アクティビストの存在が、際立って注目されるようになった。

いっぽうで「災害」の経験は、人々のアートに対する目を厳しくもした。中には「災害」を自身のプロモーションの場であるかのように振舞う人がいたことは事実だ。積み上げられた瓦礫や、傷ついた建物の非日常性と、五感をざらつかせるアートワークの境界線は確かに微妙である。しかし、徐々に被災した現場に復興の手が入るようになって、（やや乱暴な言い方だが）淘汰の力が働くよように思う。

うになっていった。その一線は、「生活」を大切に思う言葉を持っていたか否かで引かれていった

せんだいメディアテークは、二〇一二年から毎年三月にアーカイブ・イベント『星空と路』を、また二〇一四年一一月〜二〇一五年一月には企画展『対話の可能性　記録と想起　イメージの家を歩く』などを開いてきた。こうした場が、さまざまな人々の脳裏に遍在する出来事を、「物語」に編んでいくチャンスとなっていったことは言うまでもない。そしてそこには、私を含め、東北で直接に被災をしていない人が引き寄せられるようになっていた。「わすれン!」のこれらの企画は「歩くこと」大切にしていることが、徐々に「旅人たち」に伝わっていった。歩いていく経路とそこに重ねられていく時間が、言葉の連なりをつくっていったのだ。

『記録と想起』を担当した学芸員・清水建人はパンフレットに「事後考察」としてこう書き記している。「震災は、あれほど巨大な災厄でありながら、わたしたちには、それ自体は何であるかをひとつに指し示すことはできず、無数の個別的な状況と思考に行き当たるだけである」「わたしたちにできることは、一つひとつの表現物、記録物に触れ、自らの感性的な尺度によって他者の全体像を想起していくことである」(『記録と想起　ドキュメント』)――私たちは断片に「筋(ミュトス)」が描かれていく瞬間を体験しに、そこを訪れた。

6　東北の風景をきく――「FIELD RECORDING」に集った人々

私たちはこうして、被災からの数々の時間を辿ることによって、「物語る」行為の共同性を確認していくことが少しずつできるようになった。それは確かに、しばらくは東北各地の状況の強い磁力に引っ張られていた。しかし時間が経つにつれ、遠くから訪ねてくる「旅人たち」も、それぞれの立ち位置から、各々が語るべき「物語」の「筋」を見出すきっかけをつかむようになっていった。

当初、被災エリアに住み、激しく傷ついた生活の渦中にあった人々は、自らが置かれた状況を客観的に知ることができなかった。そこに外部者が援助する者としてメディアを介して情報を提供し、あるときは被災地にやってきて直に言葉にした。しかし逆に、こうした「外部者」こそが、自らの「普通の」日常において損なわれていた関係の再構築のために、語弊を恐れずに言えば、災害に見舞われた地域の認識を必要としていたのである――私自身が、そうであった。荒浜での「街歩き」の中で庄子隆弘の言葉を必要としていたのも、夕張での「街歩き」の中で今野勉の言葉を必要としていたのも、「私自身」なのである。

二〇一七年から、アーツカウンシル東京が発行を続けている冊子『FIELD RECORDING―東北の風景をきく』には、そうした「聞く」という行為を媒介とした一見パッシブ（受動的）な行為が、関係性をつなぐ可能性について記録されている。発災の年、二〇一一年に始まった「Art Support Tohoku-Tokyo」のプロジェクトが「風景をきく」というコンセプトに収斂していったのは、そこに「語りにくさ」があることを、時とともに発見していったからだ（佐藤李青『FIELD

RECORDING』No.2、編集後記)。「地中に脈々と流れるような態度を感受する力」「近くの小さな声に耳を傾ける。散在する無数の水脈を汲み上げ、表現に昇華する」——表現はヒトとヒトの「あいだ」に生まれる。そこでは、「時差」と「距離」が鍵となる。『FIELD RECORDING』誌面上には、次第にそうした「つなぎ手」が東北の内外から集まるようになった。例えば二〇二〇年一月に発行された「vol.4 出来事を重ねる」には、「災害」と「日常」の連続性を強く意識させるような記事が並んでいる。

『阪神大震災を記録し続ける会』を伯父から引き継ぎ、被災体験の手記集を発行しつづける高森順子と、東京から陸前高田に移り住み「絵と言葉」で表現活動を続ける瀬尾夏美。二人の対談には、互いの時差を確認しつつその連続性を問う言葉が重ねられていた。阪神大震災から二五年経った年の翌年に、東北は一〇年を迎える。そのそれぞれの「いま」「ここ」が、出来事の「終わり」と「始まり」の意味を更新していく。「復興」や「一〇年」を区切りとして語ることの難しさは、「終わり」を忘却の免罪符にしてしまいたい「力」への抵抗の険しさを意識させる——変化を受け止め、つなぐためには「終わり」を認め新たな「始まり」に読み替えていく必要がある。

高森は過去の手記執筆者へのインタビューを改めて行い、震災から二五年を迎えた二〇二〇年に記録集『筆跡をきく』を出版した。「書く」という行為に強い思いを傾ける高森が、「きく」という言葉をタイトルに含ませたのに私は興味を持った。時の経過を越えて出来事の記憶をつないでいく際に、この「書く—読む」「話す—聞く」の関係をクロスさせ、その縁を崩していく働きかけは有効である。距離を上手に自分のものにしていくために、かつて書かれたものを客観化するという方法は、「聞き手」となる他者の介在があって成立する。東京から陸前高田に移り住み、Twitterに書き溜めた言葉を一冊の本（『あわいゆくころ』二〇一九）に編みなおすという経験をした瀬尾との出会いは、高森にとってそのチャンスとなった。

同じ『FIELD RECORDING No.4』には気仙沼・リアスアーク美術館の山内宏泰のインタビューも掲載されていた。聞き手は戦災を研究する山本唯人（東京大空襲・戦災資料センター：当時）。彼らにも、「距離」に関する強い意識があった。二〇一三年に始まった同美術館の常設展『東日本大震災の記録と津波の災害史』の展示には、思い切った決断がなされていた。「現場」を訪れた学芸員たちが写し、収集した写真や被災物、災害史資料には彼らのストレートな「主観」の言葉が重ねられている。事物を「観覧」するときに表れる距離をどうするか。山内は言う——「いわゆる歴史的事実の客観的な陳列をするのではなくて、あくまでもひとりの目がどう見たのかということを我々は伝える」「それを見たひとがその経験を『想像する』ことによって完結する」（p.56-58）——我々はこうして「物語」の未完成性を受け入れることによって、「終わり」を「始まり」につなぐことができる。ここに「物語る行為」の共同性を見出すことができる。

この常設展は、二〇一四年から尾道、東京、名古屋を巡回する。「距離」は、至る所に存在している。そしてその普遍性は、常に両義性を内包している。

7 〝記録未満〟の部分をたどり、かたどる――松本篤の「どこでもドア」

「物語る行為」を協働の営みに導くものは、さまざまな出来事・体験の重なりに気づく瞬間の中にある。それは各々の時間的な隔たりを越え、時に離れた場所に「住まう」さまざまな人々をつなげる。その気づきを可視化させていく機会は、必ずしも自然に生まれるわけではない。むしろその「距離」は放置しておけば固定化され、分断の檻に人々を閉じ込める。だからこそその距離を身軽に乗り越える人の存在は、極めて貴重である。松本篤はその一人だ。「旅人」というよりは、岡真理のいう意味で、どこにも属さない「難民」的でさえある。

「NPO法人記録と表現とメディアのための組織（remo）」のメンバー。二〇〇五年よりその一つのプロジェクトとしてAHA!［Archive for Human Activities／人類の営みのためのアーカイブ］を始動し、「市井の人びとの記録」の価値に着目した活動を続けている。松本は、全国に活動のフィールドを持つ。地元関西で八ミリフィルムの収集と鑑賞会を重ねてきたが、二〇一五年に東京にも拠点を持ち、翌年には記録集『はな子のいる風景』（武蔵野市立吉祥寺美術館）で注目を集めた。現在は岐阜県美濃加茂市で、戦時中の慰問文の「再々発行プロジェクト〝なぞると、ずれる〟」を続けている。

コロナが生活を脅かす「災害」としての姿を露わにするようになった二〇二〇年三月～四月の三週間、松本は、世田谷で続けてきた「穴アーカイブ」（記録の不在（穴）から捉え直す反（an）アーカイブ的アーカイブの試み）の成果報告として『世田谷クロニクル1936-83』展を開いた（於：

三軒茶屋生活工房)。「松本の仕事」らしい空間だった。松本篤は『FIELD RECORDING』のVol.1とVol.4に「途中の風景」というエッセイを書いている。「誰かの残した記録の〝記録未満〟の部分をたどり、かたどる」「それぞれの現場は互いに響き合い、連なっている。今ここの風景は、いつかどこかの風景へと続いている」(Vol.4 p.65)――この一節どおりの会場がそこにあった。

「カットシ」「ヨウコ」「マサル」「ヨシハル」…カタカナで記された名前と、似顔。どこの文具店にもあるようなちょっと上質な色紙に刷られた一二人の世田谷に長く住んだ方々のオーラル・ヒストリー。その二つ折のペーパーをガイドに、提供されたモノ、映像の間を歩きまわる。断片のような物語のような曖昧な意味群の中にいることで、自分の経験や、よく似た人とのつながりが喚起される。二〇一六年の『カンバセーション　ピース:かたちを(た)もたない記録』展(於:武蔵野市立吉祥寺美術館)の折に制作された小冊子『あとを追う PLAY A RECORD』の冒頭で、松本は問う――「イメージは、時間的な、あるいは空間的な隔たりに対して、どのようにはたらくのか」――この探究の姿勢は一貫している。

「途中」「未満」――我々の生活には、誰かに「かたちある状態」として引き渡せるところまで完成されているモノはほとんどなく、そのほとんどが断片であり欠片である。それを寄せ集めたりばらしたりして生きている。そう考えると、日常の行為そのものがゆったりとした「物語」の時間にあり、それらが散在する空間を見渡すと、その全体は「風景」になるのだともいえる。リアスアーク美術館の山内宏泰が、拾い上げた被災物と想像の言葉に拘(こだわ)ったのは、それが瓦礫の中から「生活」

を立ち上げていくプロセスの鍵であったからであり、その思考のダイナミズムは、被災地でもドヤ街でも、ブルシット・ジョブにまみれた毎日に生きる人でも、それぞれの心の共振のトリガーになりうるのだ。

高森順子が「書く」ことに拘り続けるのも、このダイナミズムを反対側（かたちあるものの側）から捉えるという方法が見出されているからだろう。四半世紀を超えると記憶は歴史になる。神戸の震災の記憶を書いて残した人の書かれざる言葉をインタビューで「きく」ことは、かたちあるもののとないものの「あいだ」の連続性を知るきっかけになる。高森が、そうした運動のイメージを東北の人々との出会いから得たというのは、興味深い。「越境の人」を受けとめ、交わる場が東北のそこここに生まれ、全国に広がっている。

8　「二重のまち」と「旅人」——瀬尾夏美と小森はるかが見つめた距離

高森順子と瀬尾夏美の『FIELD RECORDING』の対談は、名古屋のアートスペースで二〇一九年七月に行われたが、冊子にはおそらくその近所であろう商店街を歩く二人の写真が添えられている。失礼な言い方かもしれないが、なんとなく佇まいが似ていると思う。

しかし瀬尾夏美と、最も多くの時間を「協働者」としてシェアしてきた映像作家・小森はるかとは、びっくりするほど似ていない。表現手段も違えば、言葉の発し方も違う。彼女たちがコロナ禍ではじめたツイキャス（ネットラジオ）を聞いていても、ほぼ八割がた聞こえてくるのは瀬尾の声だ。しかしこのコントラストが彼らの活動を力強いものにしている。

二〇一一年三月、東京芸大・先端芸術表現科の四年生だった二人の人生は、卒業式を前に突如襲った震災で動き始める。月末、レンタカーで被災地に向かい、以来毎月のように東北に通い、ボランティアをしながら現地の状況を記録、Ｗｅｂサイトや報告会で情報発信を始める――その往復を一年で区切りをつけ、一緒に陸前高田に移住する決断をする。地元の人たちときちんと会話できていないとの思いが二人の背中を押した。二〇一五年に仙台に拠点を移すが、以来、二人は東北で活動を続けている。

絵を描き、文章を書くことを表現手段とする瀬尾と、映像を撮る小森とは、オーラルな言葉を巡っても意図して重ならない位置に立つ。結果、積極的に他者に向かって問いを発し聞く瀬尾に対して、そこから少し間隔をおいてカメラにそれを収めていく小森との間には、いつも同じではないが、微妙な空間が出現する。さらに小森＋瀬尾の二人の名前で行う活動と、それぞれの名前で発表される作品（その場合も、大半はいっぽうが支援者としてそばにいる）では、表現物とそれに関わる他者との距離感が明らかに変化する――『息の跡』（二〇一六）『空に聞く』（二〇一八）といった小森作品の人への近さ、『あわいゆくころ』（二〇一九）の「歩行録」と「あと語り」の内省や「民話」へ傾倒には、二人の協働をまるで裏返しに見た感覚を覚える。

二〇一八年に行われた実践『二重のまち／交代地のうたを編む』は、そんな二人が、震災後の非日常という日常に生きる人々ではなく、敢えて実験的に「外部者」を巻き込んで行ったプロジェクトである。瀬尾の書いた「物語（テキスト）」を、小森の映像とインスタレーション「空間」で包み込むという手法は、『波のした、土のうえ』（二〇一四）以来の実験的な表現方法ではある。しかし、この新たな試みでは表現に至るプロセス自体に手を加える。若い「四人の旅人」を公募し、語りの媒介者として物語に織り込む複雑なコミュニケーション・デザインを施したのだ。「旅人」という移動する身体そのものが担う主体性に、「二重のまち」、すなわち嵩上げ後の現実と、記憶の往還と対話を委ねようとする。

小森は言う。「土の下へと潜っていけない代わりに、できるだけ長い時間をかけて道を歩くことで、横につながっていくまちの風景を撮ってみようと思った」（『FIELD RECORDING』Vol.3「経験を受け渡す」p.47）――旧市街地の大半が津波で壊滅し、その記憶に蓋をするように新たな「住まうべき土地」が生まれたこの町で、「長く歩く」足元を捉える「道」の新しさは、ボルノウを引くまでもなく、まさに「風景」の変転の象徴である。そしてそこを歩く「旅人」が、語りを変化させていく。「旅人」たちは、その経験を、自分たちが「住まう」町でも誰かに語っていくことだろう。

『二重のまち／交代地のうたを編む』は、二〇二一年二月二七日に映画として公開、翌二八日に瀬尾著の『二重のまち／交代地のうた』という書籍が発刊となった。東中野の小さな映画館でのトークショーで、「旅人」のうち二人が壇上に上がった。「聞いた話をできるだけそのまま話したい」と語る彼らに、義務感、使命感みたいなものはあるのか、直接訊ねてみた。しかし愚問だった。理性的な「合意」よりも、そんな第三者的な視覚が介在しないほど、彼らはもっと素直で「柔らかい出した。

な」時空間を体験していたのだった。ココルームの「似顔詩」で、打ちのめされた爽快感を少し思い出した。

9　どこコレ！の極意――佐藤正実とアーカイブの熱量

逆説的ではあるが、人は歩くことによって「旅人」になる。私自身の津波被災地との出会いもまさにそうであった。「海辺の図書館」の庄子隆弘の言葉を聞いて、自分の暮らす街を思うに至った私も、あの荒浜の海と失われた風景の中を歩くことによって、その閉じた五感が刺激されたからであろう。「旅人」の身体は、決して特権的なものではない。『ウォークス』でソルニットが証明したように、その可能性はあらゆる人に開かれている。

ところで私は、二〇一六年に小森と瀬尾を私が働く大学のサテライト・オフィスに招いて展示と映像上映とトークの会を開いている。そのきっかけはその年の一月の荒浜。「3・11オモイデアーカイブ」が主催するオモイデツアーで、カメラを持った小森を私に紹介したのは、このプロジェクトの代表である佐藤正実だった。その後、実現した一日限りの市バスの復活の場には、松本篤がいた。松本と私の出会いは、二〇一四年に神戸映画資料館で開かれたシンポジウムだったが、その後、さまざまな場所でつながることが多くなった。「市バス復活」につながった「偽バス停」の企て人、佐竹真紀子も、のちに瀬尾と小森らが作った一般社団法人NOOK（のおく）のメンバーに合流する。NOOKと佐藤は、TRAC（東北リサーチとアートセンター）の「やわらかな土から」プロジェクトの協働運営者でもある。

初めてリアスアーク美術館を訪ねた時も、その帰りに仙台に寄って佐藤を訪ねた。震災以降、私が東北の沿岸地域で動くときには、なにかにつけて佐藤に意見を求めてきた。佐藤はなんだか、ひとをつないでいく磁石のような役割を果たしていた。その佐藤とのそもそもの出会いは、二〇一二年一二月二三日の『嵐の気仙沼』を見るワークショップ（「3・11震災アーカイブ活用の可能性～防災・減災、復興にいかすために～」）だった。その後、副理事長を務めるNPO法人二〇世紀アーカイブ仙台の活動や、仙台の昔のまちの姿を掘り起こす独特の実践手法を知るにつれ、旧来の肩肘張った「アーカイブ」論がつまらなく感じるようになった。震災の記憶についても「ケータイで撮った〈3・11〉はありませんか？」（二〇一二）に始まり「3・11オモイデツアー」「60秒で伝える3・11ムービー」「3月12日はじまりのごはん」「3・11定点観測写真アーカイブプロジェクト」（二〇一四）と、次々と繰り出されるアイデアには、驚かされてばかりだった。

古い町の写真から当時の情報を拾い出すイベント「どこコレ！」がその代表格だろう。参加によって記憶を開き、共有空間にナビゲートしていく技には、「物語る行為の共同性」に人々を巻き込んでいくグループ感があった。佐藤のセンスの核には、日常を構成する「道具」の発見がある。N20世紀アーカイブ仙台の設立翌年（二〇一〇年）のイベント「杜の都を本の都にする会（Book! Book! Sendai）」で設えた「畳の上でお茶を飲みながら八ミリ映像を見る」という設定は、今も沿岸部で行われる「オモイデツアー」や「やわらかな土から」での空間づくりに継承されている。

佐藤は言う。「震災前は単なる昔話にすぎなかったことが、震災後は地域を再興させようという力になる。写真を見ながら語る『熱量』が違うんです」(『ＬＲＧ』別冊Vol.2、P.10)――その「熱量」は、震災という破壊のエネルギーが生み出したものではなく、むしろ日常生活そのものに備わっていた磁力が発するものだったのではないか。それは「旅人」をも含む、さまざまな人々を引き寄せる。佐藤が企てるさまざまな「場」は、いわば「宿」である。すなわち越境する人（「難民」）にとっては、「旅」に「住まう」居場所となるのだ。かつて財政破綻直後、映画祭が復活したころの夕張に私が感じたものも、そういった磁力であった。だがそれは、それを日々生み出していく「風景」が失われると、次第に衰えていく。現在の夕張はその中にある。

二〇一六年に私が聞き手をつとめたこのインタビュー（『ＬＲＧ』）の中で佐藤は、「節目を境に、アーカイブ活動に限らず、色々なことがスーっと引いていくような気がするんです」と、その恐れを語っていた。あれから五年。一〇年目の「節目」について、佐藤は二〇二〇年の年末、こんなことを言っていた。

「二〇一一年から二一年の間『3・11キヲクのキロク パネル展』を全国一〇八か所でやらしていただいた。その方々に〈いま〉をお伝えする義務はあると思う。でも一人ひとりにとっては（時間の流れは）違う。だから、この先に続けていける、（読点ではなく）句点であればいい」と。

佐藤はよく「未来のためのアーカイブ」と言う。未来にその資料を「生きたもの」として使ってもらうためのプレゼンとして、現在も「生きた道具」として使うことの大切さを主張する。記録は

「発掘すべき」過去の残骸に止まらないという発想——それは、震災に限らず、「どこコレ！」の写真においても、更には「古地図」と現代の街並みを重ねるワークショップにも、共通する眼差しのエネルギーである。こうした「道具」のインデックス性を身体化し、我々自身の存在を日常に戻していく。そしてそのエネルギーは、人に伝播していく。

10　再生の日々を生きる——青池憲司の執念と映像記録

佐藤正実は私の三つ下の一九六四年生まれ、ほぼ同世代である。仙台で出会った佐藤だが、彼に「どこコレ！」などのイベントで見せてもらう写真には、どこか同じ時代を生きてきた者に共通する郷愁を感じる。テレビの黎明〜黄金時代に生まれ育つ中で、一眼レフや家庭用八ミリカメラは普及し、家庭生活を視覚的な記録として残す行為を意識して行っていた。だからこそ、それがすっかり空気のように当たり前になってしまった後の世代よりも、「モノ」に執着しているのかもしれない。だからこそ逆に、瀬尾・小森や松本、佐竹らの、「視覚」「言葉」、「記憶」そのものに差し向ける問いには、新鮮さを感じるのかもしれない。

では、もっと上の世代はどうなのだろう——震災の翌年、横浜でのサテライト・キャンパスづくりで親しくなった東北出身のデザイナー（佐藤理樹）の紹介で、私はその人、映画監督・青池憲司と出会った。石巻の被災地で映画を撮っていると聞いた。震災がもたらす生命への危機的状況から一呼吸おけるようになり、「生活」の再建へと人々が走り始めた時期、多くの映画人やテレビマンたちも現地に向かった。そして、多くの映像がフラッシュバックのように押し寄せるようになった頃である。それからしばらく経って二〇一八年、「映画が完成し横浜で上映会を開きたい、ついては対談をしてくれないか」との依頼があった。私は慌てた。

石巻には、被災後多くのアーチストが入っていた。私も二〇一二年の年明けに、そうしたプロジェクトを訪ね、また採択された「NHKアーカイブス学術利用トライアル研究」の対象地域としても、過去の番組の場所を確認する意味で足を運んでいた。ともに港町であり、第一八共徳丸（気仙沼）と巨大油タンク（石巻）といった被災のシンボルのようなものが印象づけられる共通点はあった。しかし私は石巻のどこにスコープを向けるべきか、「風景」を掴みかねていた。そしていつの間にか足が遠のいていた。送られてきたDVDに目を通し、一一月の上映会の前週、駆け足でその映画『まだ見ぬまちへ～石巻・小さなコミュニティの物語』に映し出されていた街を歩いた。画面に登場する方々ともお話することができ、一気に距離が近づいた。

青池憲司が六年半をかけてカメラで追っていたものは、「時間」であった。いやそれは、六年半という期間だけではない。石巻市門脇・南浜・雲雀野地区に「人々が生活する」という意味が映し出されていた。濡仏堂や善海田稲荷、北向地蔵など、水や海の安全に手を合わせる場とともにある生活。門脇の人々が再生を求めたコミュニティは、そうした人と人のつながりの原理を包みこんだものだった。だから青池は丁寧に人と人の対話そのものを映像に収めていった。その背景には各々の人の「家族の物語」があった。それが町の歴史と地続きにあることを抵抗なく感じることができたのは、その背景に「風景」があったからである。

地震や津波といった「風景」を破壊する災害からの復興においては、その手がかりが組み替えられていくリスクがあった。それに抗うには「組織」が必要だった。新しい「町内会」の人々は、その土地を理解し、共有し、時に政治・経済的な障壁と向き合う、かなりハードな議論の内容も映像は記録していた。

青池にとってそうした「時間」と向き合うのは「いつか来た道」であった。阪神淡路大震災で被災した神戸市長田区野田北部で、被災直後からの町の再生を記録した〈記憶のための連作『野田北部・鷹取の人びと』〉――一九九五年から一九九九年までの五年間を全一四部・一四時間三八分もの超長編を制作し、二〇〇〇年にはそれを『阪神大震災 再生の日々を生きる』という一五六分の作品として公開、またその後～二〇〇八年までの動きも『震災復興のあゆみ～あの時と今～』(三三分)に編集した。その後に出会った石巻の被災「風景」だった。神戸を経験した青池は、「風景」はコミュニティの再生のプロセスとともにあることは知っていた。しかし、実際に難問と格闘し、かつ喜怒哀楽を隠さず語る人々と出会うと、そこは神戸とは重なりつつも新たな、かけがえのない「現場」となった。

若い世代の人々の軽やかさに比べると、一九四一年生まれの青池の仕事には「執念」と言っていいぐらいの無骨さと迫力がある。今度は石巻の経験を得て、彼は神戸に戻った。被災から二五年となった二〇二〇年に、『大震災から25年／野田北部・人とまちのいま』(三四分)を発表――それは映像や表現物の「創り手」が限られた一部の主体に委ねられていた時代の名残なのかもしれない。それは夕張の今野勉や寿町の田中俊夫などの仕事にも通じる「使命感」や「強さ」である。しかしそれは決して上から見下ろすような威圧感ではない。素顔の彼らはとても優しく、暖かだ。私は青池を学生たちと運営するイベントに二度招き、二〇一九年三月には『まだ見ぬまちへ』、二〇一九年一二月には『震災復興のあゆみ』を上映した。青池は舞台上のトーク、そして終わった後の懇談で若者たちと楽しく飲み語った。その場で、被災直後の神戸に入ったのも、以前助けてもらった人との縁だったという話を聞いた。ざっくばらんである。

ふと思い返せば、荒浜「海辺の図書館」の庄子隆弘の周りには、元自宅跡に「里海荒浜ロッジ」を建てた喜田喜一（元荒浜再生を願う会代表）、カメラを持った元漁師・佐藤豊ら「上の世代」の人々がいつも居る。佐藤正実らの「オモイデツアー」の宮城野区蒲生(がもう)の企画には、亡き二人の息子の名を冠した交流拠点「舟要洞場」の笹谷由夫の姿がある。新しい「復興の時空間」が整えられる視界の中に、こうした年代を越えた関係線が引かれていく。そこには小さくとも確かなコミュニティが、ダイナミックに息づいている。

11 「忘却」に抗うこと／「あいだ」のユートピア

コロナ禍をかいくぐって、仙台に佐藤正実に会いに行った二〇二〇年一二月の金曜日、ちょうどＴＲＡＣでは佐竹真紀子個展『波残りの辿り』を開催していた。「偽バス停」で初めて出会ってから四年もたつのに、これまで彼女の表現をしつづけてきた時間にきちんと向き合ったことがなかった。申し訳ない気持ちも手伝って、こっそり足を運んだ。

四年前、「偽とは人が為すと書きます」と言っていた彼女は、結構印象的な言葉を何気なく口にする。今回も「記憶って、一直線上に並んでいないんです。だから行ったり来たりする」——壁一面の大きな作品『Seaside Seeds』（二〇一七）を前にして、そうぽろっと言った。それは人間の時間意識と表現の関係を問う大切な視点だと思った。佐竹の作品には、出会ったことのある人や荒浜で体験したいくつかの出来事が刻まれていた。でもそれは私が勝手にそれだと想起しただけで、見る人それぞれに、意味を与えることができるものなのだ。

記録されるものには、さまざまな主体性が宿る、と思う。『波残りの辿り』展には、「かつて・いま・これからを行き来する風景の表現」というサブタイトルが付されている。その行き来こそが「物語る」ことなのだ。そして、それが可能になるためには、人と人が出会い、語らう場が必要だ。ナイーブな物言いかもしれないが、そうやって人は生きてきたわけだから、我々は「生き続ける」ためには、まずそれを求める必要があることは確かだ。

レベッカ・ソルニットが『災害ユートピア』の存在に光を当て、それと同時に「災害の日常性」を指摘した、そのパラドックスが持つ意味が少しずつわかってきたように思う。答えはどちらかいっぽうに〝楽園〟として固定されたものとしてあるわけではない。それはウィリアム・モリスの夢が、わずかの時間で醒めねばならなかったことが証明している。我々は動きつづけなければいけない。言葉を発し、受け取るということ。そこに都度生まれる意味のゆらぎの中で、我々は「生きる」のだ。そのことに身を挺して、かつ楽しみながら実践してきた上田假奈代の「ココルーム」が、二〇二〇年国際交流基金賞を受賞したというニュースが飛び込んできた。日の光は徐々に多くの世界を包み込むようになってきている。

それをバックアップするものとしてのメディア技術の革新は目覚ましい。映像はデジタルアーカイブ化され、過去と現在の行き来はたやすくなった。視覚だけではなく、聴覚も研ぎ澄まされ、「多声」と「マルチアングル」を駆使して、時空間そのものを描くように、そのなかに身を投じることも可能になった。しかしいっぽうで、それによってアイデンティティとオートノミーの境界は引きづらくなり、フェイクや陰謀が飛び交うニュース空間に、首をすくめる人々が増えているのも現実である。デジタル環境の時間と空間、しかしそこもまた我々が「住まう」意味の揺らぎの射程の中なのである。

デヴィッド・グレーバーの「あいだの空間の民主主義」というキーフレーズに出会ったとき、まず思い浮かんだのは、瀬尾夏美の『あわいゆくころ』であった。「あいだ」と「あわい」。過去を振り返ってみれば、「メディアの時代とは何か」を問うてきた自身のこの二〇年間で、これに類する概念とたくさんであってきたはずだった。ハーバーマスの公共圏論だってそうだ。ただ目の前にぶら下がった課題に振り回されて、それらを縫い合わせることをさぼって来た。それだけだった。

グレーバーの急逝が伝えられる直前に発行された『群像』(二〇二〇年九月号)に、日本における彼の紹介者の一人である片岡大右の論説「未来を開く——デヴィッド・グレーバーを読む」が掲載されている。そこでは彼が考古学者との共著で、五万年の人類史を読み直し「陰鬱な未来像を打ち破る」構想を準備していたことが記されている。楽観をベースに思考するより、額にしわを寄せて「自説に権威を塗せる」ようにしてもっともらしく言葉を吐く方が、アカデミックな生き方っぽい——そんなステレオタイプに、劇薬を仕込んで彼は逝ってしまった。でも、それこそ「アナキスト」らしい。

アナーキズムと民主主義の「あいだ」に、もういちど「ユートピア」を置いて考え、行動してみようと考えている。それこそがCOVID-19で、コミュニケーションも移動の自由もことごとく封じられ、ひたすら「身を固く」することが強いられた一年間を経験した我々の、この息苦しい状況からの「脱出宣言」になるはずだ。「新しい生活」とは本来、その延長線上に描かれる未来の歴史たるべきなのである。

とりあえずのおわりに

1　脱出宣言——積極的難民として

二〇二一年の春が来た。未だにCOVID-19が我々に強いた「特別な時空間」の縛りは解けていない。というよりも、むしろ政権を担う人々も、感染症の専門家でさえも、何と発言すべきか解らなくなってしまったような状況だ。

そもそも緊急事態宣言とは何だったのか。それには当然ながら「命令」というほどの強制力はない。「わかってるだろ?だったら自発的に服従しろよ。その方が得だぞ」という「そそのかし」を実体とした発話行為だったといえよう。「なぜ我が国は欧米のように、積極的なロックダウンができないのか」と問う声も多く聞こえた。しかし、それに対して答えることはそれほど難しくはないだろう——言葉を支える「信頼」が機能しないのだ。その質については、納得の上での権限の委譲から、理性的な合意にもとづくもの、あるいは情動的なもたれ合いまでさまざまなレベルがあるが、いずれにしても人と人の心が切り離されて、結びつく術をなくしている状況が、時とともに明らかになっていったように思う。

「宣言」とは、自らの行為をポジティブに意味づけるためのメタ言語である。「宣言」を聞く人は、それを発する人の主体的な行為とそれを重ね合わせ、コンテクストを理解する。「緊急事態」+「宣言」という不思議な日本語は、「やばい」状況を認識している、というところに立ち止まっている。つまり「宣言」は「我々には何もできません（する気がありません）」という不作為を言葉にしたものなのだ。これは「災害の日常性」をそのままにすることの、システムの自律に身をゆだねることとの意思表示以外の何物でもない。こんないい加減な「宣言」がなぜ可能なのか。一人ひとりの人間がもっとちゃんとした自分の言葉で発する「宣言」が聞こえてくる、多声的なユートピアを夢見てみたい。

私は、いわゆる「自粛」（その効果が解らないのに、自らの行動を他律的に抑制する判断＝むしろ思考停止）はやめた。もちろん既にわかっている感染症のリスクを可能な限り抑える要件（対策が甘い人を含む不特定多数が集まる場所での会話はしないこと。ウイルスの駆除と防御に努めることなど）には気を配るが。しかし自分の仕事を止めないために、状況を勘案しながら、「旅」に出ることにしたのだ。ただ研究の対象として「コミュニケーション」なるものを見続けてきたからではない。ブーニューやトマセロが言うように、「コミュニケーション」はすなわち「生きること」であるということの真実性を、この一年の経験から思い知るに至ったからだ。

だとするならば、その理論を実践に接近させていく行為を躊躇してはいられない。二〇二一年の三月一一日は、東北地方の沿岸各地が、あの東日本大震災から、一〇年目のメモリアルを迎える日だったからだ。毎年そうしているように、その新たな風景の中に立ちたかった。束縛への不感症と引き換えに、安定した自明性の中に「住まうこと」から私は「脱出」し、「さすらう」ことを選択する。そしてその「住まうこととさすらうこと」の相互関係を見定めたいと思う。それが積極的「難民」として生きる主体としての、私なりの「宣言」である。

2　織物のように生をつなぐ

二〇二一年三月一〇日、朝の新幹線で仙台についた私は、いくつかの展示企画に足を運んだ。まずは荒浜にほど近い地下鉄東西線の終点荒井駅。ここには「3・11せんだいメモリアル交流館」がある。二〇一六年二月に開設されたこの施設は、仙台港から閖上(ゆりあげ)に至る沿岸地域の被災した人々の生活の再建と、地下鉄開通によって拓かれる新しい町との汀(みぎわ)にある。常設展は被災前からの時系列のパネルに、住民の心情に近い「ことば」を重ねていく方法に心を配っており、交流スペースやイラストマップなど人のつながりの場として機能するようにデザインがされている。

二つの企画展が開催されていた。まず、松本篤が主宰するAHA!による「わたしは思い出す―一〇年間の子育てからさぐる震災のかたち」である。震災の年に出産を経験した仙台在住の女性の育児日記を再読し、少しずつ増えていく文章を、来訪者が自らの記憶と重ねつつ拾い集め、新たに

「冊子」にすべく閉じていく「実践」空間だ。無造作に置かれた新聞記事を、日記を手掛かりに辿る。大きな災禍があっても、日常の時間は同じように刻まれていく。その不思議な受動性が、ルーチンにも似た作為のない能動性とともに蘇っていく。「十年」をどう視野に収めていくかについての、穏やかな挑発があった。

もう一つは「海辺の図書館」庄子隆弘らによる「手紙／深沼ビーチクリーン記録展」である。震災のあった月命日である一一日にあわせて、彼らは荒浜地区の深沼海水浴場があった砂浜の清掃をイベント化し続けてきた。墓参にも似たこの行為。展示を見ながら、年末に佐竹真紀子が自作品『Seaside Seeds』を前にして発した言葉を思い出していた。「行ったり来たりする記憶」──その時間かつ空間的な曖昧さを繋ぎとめる方法として、美術にかぎらずあらゆる「表現」の生きる場はあるのだし、海岸に捨てられたさまざまなモノを拾う人々の笑顔が並ぶ大量のスナップ写真と、それらは確かに連続性を有していた。

それは歴史とフィクションの交叉するところを指し示している。瀬尾夏美がコロナ禍において「民話」を強く意識するようになった意味がわかる。そして私は、今野勉が炭鉱事故の記憶が民話に形を変えていくことに注目した二〇年と、瀬尾と小森が『二重のまち』を温めた時間の長さが重なる奇遇を、あらためて思うのだ。これらの営みこそが、デヴィッド・グレーバーへの追悼なのだ。民主主義をヨーロッパ的合理主義から少し距離をとって見つめ直したとき、言葉の機能、「語ること」「位置を得ること」の関係は変化し、「生きること」そのものの意味の獲得へ、一歩ずつ近づいていく。

　そんなことを考えながら、「3・11せんだいメモリアル交流館」を後にして、私は「せんだいメディアテーク」に向かった。その一階のメインフロアには、二年ぶりに『星空と路』と題した展示空間が設けられていた。そしてそこには瀬尾夏美と小森はるかの写真・映像とことばが展示されていた。佐藤正実の「定点観測」や「3月12日はじまりのごはん」もあった。他にも、多くの「震災後」を見つめ続けてきた人々の活動の展示とともに、「3がつ11日をわすれないためにセンター」の活動報告書と資料カタログが受付で無償配布されていた。そういえば、メモリアル交流館でもそうだったが、多くの冊子資料が手渡されていた。「どうか持って行ってください」と控えめに主張するこれらの情報の束は、ばらばらになった記憶をつなぎ合わせていく接着剤の役割をする。

　私たちは生きているかぎり、実は常に「あわい（あいだ）」にいる。その不安定さを如何に耐えることができるのか。あるいは、その感覚をポジティブに受け止め、四方の自らを取り囲む環境に向けた、柔らかい言葉や表現にメッセージを託すことができるのか――「生活」という言葉は、切り刻まれた一瞬一瞬の行動や記号や物質的な断片に還元されるものでは決してない。それは文化的な広がりを指し示す概念であり、だからこそその中に「住まう」人と、そこに「訪れる」ひとの共同によって、織り込まれるテクスチャーそのものと言える。

　コロナ禍は一年が経過した。しかし日常の災害は、果たしていつ始まったのか、いつ終わるのか実感することは難しい。仮に過剰な資本主義な全体性を志向するモードが、「生活」を脅かすシステムの支配にエネルギーを供給するものだったとしても、単純にそれを攻撃するだけでは、自らをしてその「あわい」を破壊する「力」に気づかないうちになっていたりする。完全な解放はありえない。しいて言えば「塩梅」、あるいは流行の言葉でいえば『ケアの倫理』(ファビエンヌ ブルジェール) が近い感覚なのだろう。

きっと人間である以上、我々の歴史において災禍はつきまとう。そんなとき、どのようにして自由とか自律とかを自分のものとして、手放さずに「生」をつなぐことができるか。その鍵が何か——ようやく、私たちは、そういったことを思考できる世界の入口に立ったのかもしれない。

3 最後にひとこと

「生活」とは、我々人間が「生きられる」時空間の構成概念である。その再帰性は、「風景」と「物語」の生成メカニズムを手掛かりにし、コミュニティを形成することで疎外に抵抗し、我々自身の主体性のもとに置くこと (デザインすること) ができる——長々書いてきたが、結論はこういったことになるだろう。災禍は悲劇であるだけではなく、そういったことに気づき、希望を見出す契機ともなる——この両義性も、結論に付け加えても良いかもしれない。

本書では、津波と感染症を中心に、さまざまな学問領域を飛び跳ねながら、理論的なものと私自身が経験してきたことがら、出会ってきた人々をつないでみた。対象をこの二つに絞ったことには明確な理由がある。災禍は、どんなものでも「生活」を破壊するが、しかし、本書のようなロジックで語りきれない対象もあるからだ。既にお気づきのように、東日本大震災を引き金にして起こった原発災害については、意図的に深堀すべき対象から外している。私自身は、津波と原発災害は別個に語られるべきだとずっと考えてきた。それは後者が人為による部分の大きな災禍であるからだ。

もちろん津波と感染症の被害にも、人為が関わる領域が少なからずある。しかし、それが災禍そのものの起点になっているとは言い難く、むしろ害を治めていく上での至らなさという文脈に、とりあえずは置くことができる。また「災害の日常性」を語るうえで、経済的要因によって引き起こされた災害については、財政破綻を代表に、貧困等の問題にまで、ギリギリ視野に入れることにした。それは「人為」というよりも、意識する対象に置くことが難しい大きな「システム」の為す業であることを強調する意図で、そのようにした。

人為という観点では、その主体が特定できるか否かで、一つの線を引くことにした。その意味で言えば「人為」による災禍の極致は戦争である。かねてから、COVID-19に関わる言説でも、それを「戦争」に例えるものを多く見かけた。私はずっとそれに反対してきた。「コロナとの闘い」とは言うまい、と。相手には「戦う」意識などないのだから、そうした擬人化はすべきではない。それ以上に、相手が人としてはっきり認識できる災禍には、コミュニケーション上、非常に厄介なファクターが介入する。それは「恨み」「憎しみ」である。

本書では、コミュニケーションのメカニズムについて、そのポジティブな側面を強調して扱った。「戦争」やさまざまな「人的災禍」については、それだけでは扱いきれない意味論、語用論的な要素を考慮して慎重に議論する必要がある。それについては、まだ十分扱いきれているとまでは言わないが、戦後七五年を機に出した『戦争をいかに語りつぐか──「映像」と「証言」から考える戦後史』(NHK出版)でいくつかの問題提起をしているので、手に取っていただけるとありがたい。

とりあえず「生活」を大切にする思考によって、こういった「人為」の度合いが強いことがら以外の災禍への、ある程度の抵抗力を培うことになるだろう。そしてそれが、やがては「人為」が君臨する領域の悲劇を、間接的に遠ざける力になって働くだろうという予測は立つ。近年注目されている新しい思想や哲学、アートや表現、コミュニケーション文化の潮流が、おおまかにはそういった方向で眼差しを重ねていることに、ひそかに期待をしていきたい。

【U】

●上田假奈代　215-216, 239
こえとことばとこころの部屋（ココルーム）；『釜ケ崎詩集こころのたねとして―「まちでつながる」「釜ヶ崎芸術大学」詩の時間から』ココルーム文庫、2014年
『釜ケ崎芸術大学2013報告書』こえとことばとこころの部屋、2014年
『釜ヶ崎で表現の場をつくる喫茶店、ココルーム』フィルムアート社、2016年

【W】

●レイモンド・ウィリアムズ　Williams, Raymond　189
木村茂雄・山田雄三訳『テレビジョン―テクノロジーと文化の形成』ミネルヴァ書房、2020年
●ヴァージニア・ウルフ　Woolf, Virginia　198
丹治愛訳『ダロウェイ夫人』集英社文庫、2007年

【Z】

●スラヴォイ・ジジェク　Žižek, Slavoj　31, 33, 102
中林敦子訳『パンデミック』Pヴァイン、2020年
長原豊訳『「テロル」と戦争―〈現実界〉の砂漠へようこそ』青土社、2003年

●瀬尾夏美　224-225, 228-231, 234, 239, 244-245
『あわいゆくころ―陸前高田、震災後を生きる』晶文社、2019年
『二重のまち／交代地のうた』書肆侃侃房、2021年
(所収)『FIELD RECORDING 東北の風景をきく』Vol.1～4、アーツカウンシル東京、2018、2020年
●重岡徹　188-189
「最近100年間の『ふるさと』の語られ方」、『農村計画学会誌』第31巻3号、2012年
●レベッカ・ソルニット　Solnit, Rebecca　115-119, 121, 124, 129, 147, 160-163, 199, 201, 205, 211, 231, 238
高月園子訳『災害ユートピア―なぜそのとき特別な共同体が立ち上がるのか』亜紀書房、2010年
渡辺由佳里訳『それを、真の名で呼ぶならば―危機の時代と言葉の力』岩波書店、2020年
東辻賢治郎訳『ウォークス―歩くことの精神史』左右社、2017年
東辻賢治郎訳『迷うことについて』左右社、2019年
ハーン小路恭子訳『わたしたちが沈黙させられるいくつかの問い』左右社、2021年

【T】

●高森順子　224-225, 228
阪神大震災を記録しつづける会『筆跡をきく―手記執筆者のはなし』阪神大震災を記録しつづける会、2020年
(所収)『FIELD RECORDING 東北の風景をきく』Vol.1～4、アーツカウンシル東京、2018、2020年
●田中俊夫　212, 214-215, 237
＋松本一郎ほか；『寿町ドヤ街』(第1号～第8号)、ことぶき共同診療所・寿町関係資料室、2004～2014年
●徳田雄洋　85, 103
『震災と情報：あのとき何が伝わったか』岩波新書、2011年
●マイケル・トマセロ　Tomasello, Michael　20-21, 35, 88, 132, 242
大堀壽夫,秋田喜美,古賀裕章,山泉実訳『認知・機能言語学――言語構造への10のアプローチ』研究社、2011年
橋彌和秀訳『ヒトはなぜ協力するのか』勁草書房、2013年

●マルセル・プルースト　Proust, Valentin Louis Georges Eugene Marcel 161, 193, 198
吉川一義訳『失われた時を求めて』(Ⅰ～Ⅲ)、岩波文庫、2010～11年

【R】

●ポール・リクール　Ricoeur, Paul 193-194, 196-199, 201, 203, 206
久米博訳『時間と物語』(Ⅰ～Ⅲ) 新曜社、1987、88、90年
久米博訳『生きた隠喩』岩波書店、1984年
川崎惣一訳『イデオロギーとユートピア』新曜社、2011年
久米博訳『他者のような自己自身』法政大学出版局、1996年

【S】

●３がつ11にちをわすれないためにセンター（わすれン！） 162, 220-222, 245
＋佐藤知久・甲斐賢治・北野央；『コミュニティ・アーカイブをつくろう！―― せんだいメディアテーク「３がつ11にちをわすれないためにセンター」奮闘記』晶文社、2018年
『対話の可能性 記憶と想起 イメージの家を歩く ドキュメント』３がつ11にちをわすれないためにセンター、2014年
『３がつ11にちをわすれないためにセンター活動報告』３がつ11にちをわすれないためにセンター、2015年
『３がつ11にちをわすれないためにセンター資料カタログ』３がつ11にちをわすれないためにセンター、2021年
●佐藤正実　158, 231-234, 237, 245
（編）；『3.11定点観測写真アーカイブ・プロジェクト 公開サロン「みつづける、あの日からの風景」』NPO法人20世紀アーカイブ仙台、2014年
「コミュニティの思いを喚起するツールとしての映像」『ライブラリー・リソース・ガイド（LRG)』別冊Vol.2、アカデミック・リソース・ガイド(株)、2016年
＋小林美香（編）；『3.11オモイデアーカイブ』3.11オモイデアーカイブ、2018年
●アルフレート・シュッツ　Schütz, Alfred 41, 70-73, 77, 80
佐藤嘉一訳『社会的世界の意味構成―理解社会学入門』木鐸社、2006年
森川眞規雄・浜日出夫訳『現象学的社会学』紀伊国屋書店、1980年

マ—思弁的唯物論の展開』青土社、2018年
●ウィリアム・モリス　Morris, William 124-129, 200, 239
川端康雄訳『ユートピアだより』岩波文庫、1968年
横山千晶訳『ジョン・ボールの夢』晶文社、2000年

【N】

●ジャン＝リュック・ナンシー　Nancy, Jean-Luc 30-32, 35-36, 38, 55, 69, 76
「ウイルス性の例外化」「あまりに人間的なウイルス」伊藤潤一郎訳『現代思想』2020年５月
●七沢潔 148-150, 153-156, 159
＋桜井均ほか（NHK放送文化研究所編）；『テレビ・ドキュメンタリーを創った人々』NHK出版、2016年
「制作者研究NEO〈地域にこだわる〉【第３回】伊藤孝雄」（前・後編）、『放送研究と調査』NHK放送文化研究所、2020年２月・３月
●西垣通 39
『こころの情報学』ちくま新書、1999年
●野家啓一 192, 202-203
『物語の哲学』岩波現代文庫、2005年

【O】

●岡真理 202-204, 226
『記憶／物語』岩波書店、2000年
●大澤真幸 33-35, 55-56, 59, 62-63, 71, 115
「不可能なことだけが危機をこえる—連帯・人新世・倫理・神的暴力」、『思想としての〈新型コロナウイルス禍〉』、河出書房新社、2020年
＋國分功一郎『コロナ時代の哲学』、左右社、2020年
●小野二郎 127
『ウィリアム・モリス—ラディカル・デザインの思想』中公文庫、1992年

【P】

●ブレーズ・パスカル　Pascal, Blaise 32, 76
塩川徹也訳『パンセ（上）』岩波文庫、2015年

●木岡伸夫 130-133
『風景の論理—沈黙から語りへ』世界思想社、2007年
●ナオミ・クライン Klein, Naomi 105, 121-124
幾島幸子・村上由見子訳『ショック・ドクトリン—惨事便乗型資本主義の正体を暴く』(上、下) 岩波書店、2011年
星野真志訳『楽園をめぐる闘い』堀之内出版、2019年
●小森はるか 228-231, 234, 244-245
(所収)『FIELD RECORDING 東北の風景をきく』Vol.1〜4、アーツカウンシル東京、2018、2020年
●今野勉 218-220, 223, 237, 244
+萩本晴彦、村木良彦『お前はただの現在にすぎない—テレビになにが可能か』田畑書店、1969年

【L】

●ブルーノ・ラトゥール Latour, Bruno 79
川崎勝・平川秀幸訳『科学論の実在—パンドラの希望』産業図書、2007年
●ニクラス・ルーマン Luhmann, Niklas 44-47, 64, 66, 79
土方透・大沢善信訳『自己言及性について』国文社、1996年
土方透訳『理念の進化』新泉社、2017年

【M】

●トーマス・マン Mann, Paul Thomas 198
高橋義孝訳『魔の山』(上、下) 新潮文庫、1969年
●カール・マンハイム Mannheim, Karl 199
鈴木二郎訳『イデオロギーとユートピア』未来社、1968年
●松本篤 226-227, 231, 234, 243
(所収)『FIELD RECORDING 東北の風景をきく』Vol.1〜4、アーツカウンシル東京、2018、2020年
『あとを追う PLAY A RECORD』武蔵野市立吉祥寺美術館、2016年
●カンタン・メイヤスー Meillassoux, Quentin 39, 76
千葉雅也・大橋完太郎・星野太訳『有限性の後で—偶然性の必然性についての試論』人文書院、2016年
岡嶋隆佑・熊谷謙介・黒木萬代・神保夏子・千葉雅也訳『亡霊のジレン

【H】

●ユルゲン・ハーバーマス　Habermas, Jürgen 39-46, 56, 64-65, 68-69, 72, 77, 167, 205, 239

河上倫逸・藤澤賢一郎・丸山高司ほか訳『コミュニケーション的行為の理論』(上、中、下)、未来社、1985-7年

奥山次良・八木橋貢・渡辺祐邦訳『認識と関心』未来社、1981年

細谷貞雄・山田正行訳『公共性の構造転換』未来社、1973年

清水多吉・波平恒男・木前利秋・西阪仰訳『社会科学の論理によせて』国文社、1991年

●グレアム・ハーマン　Harman, Graham 76, 79

岡嶋隆佑・山下智弘・鈴木優花・石井雅巳訳『四方対象―オブジェクト指向存在論入門』人文書院、2017年

●蓮実重彦 152

『映像の詩学』筑摩書房、1979年

●マルティン・ハイデガー　Heidegger, Martin 42-43, 47, 64, 67, 72, 74, 167, 192

細谷貞雄・亀井裕・船橋弘訳『存在と時間』(上、下) 理想社 1963-64

●ジェスパー・ホフマイヤー　Hoffmeyer, Jesper 36

松野孝一郎・高原美規訳、『生命記号論―宇宙の意味と表象』青土社、2005年

●エドムント・フッサール　Husserl, Edmund 14, 40-41, 69-73, 202-203

細谷恒夫・木田元訳『ヨーロッパ諸学の危機と超越論的現象学』中央公論社、1974年

【K】

●片岡大佑 210-211, 240

「『魔神は瓶に戻せない』D・グレーバー、コロナ禍を語る」以文社（サイト：http://www.ibunsha.co.jp/contents/kataoka03/）2020年5月

「未来を開く―デヴィッド・グレーバーを読む」、『群像』講談社、2020年9月号

●ジョン・キーン　Keane, John 56-57, 63-64

森本醇訳『デモクラシーの生と死』(上、下) みすず書房、2013年

槙改康之訳『知の考古学』河出文庫、2012年
●イザベル・フランドロワ　Flandrois, Isabelle 136
（編）；尾河直哉訳『「アナール」とは何か―進化し続ける「アナール」の100年』藤原書店、2003年
●フランシス・フクヤマ　Fukuyama, Francis 192
渡部昇一訳『歴史の終わり―歴史の「終点」に立つ最後の人間』（上、下）三笠書房、2005年

【G】

●マルクス・ガブリエル　Gabriel, Markus 75-77, 204
清水一浩訳『なぜ世界は存在しないのか』講談社、2018年
●ハンス=ゲオルク・ガダマー　Gadamer, Hans - Georg 43-44, 72
轡田收・大石紀一郎・麻生建・三島憲一ほか訳『真理と方法（Ⅰ、Ⅱ）― 哲学的解釈学の要綱』法政大学出版局、2012、2015年
●ジェラール・ジュネット　Genette, Gérard 193
花輪光・和泉涼一訳『物語のディスクール―方法論の試み』水声社、1985年
●カルロ・ギンズブルグ　Ginzburg, Carlo 143
杉山光信訳『チーズとうじ虫―16世紀の一粉挽屋の世界像』みすず書房、2012年
●デヴィッド・グレーバー　Graeber, David 56, 63-65, 67, 71, 80, 118-119, 177-178, 206, 209-213, 239-240, 244
片岡大右訳『民主主義の非西洋起源について』以文社、2020年
酒井隆史訳『官僚制のユートピア―テクノロジー、構造的愚かさ、リベラリズムの鉄則』以文社、2017年
酒井隆史・芳賀達彦・森田和樹訳『ブルシット・ジョブ―クソどうでもいい仕事の理論』岩波書店、2020年
酒井隆文監訳、高祖岩三郎・佐々木夏子訳『負債論―貨幣と暴力の5000年』以文社、2016年
高祖岩三郎訳『アナーキスト人類学のための断章』以文社、2006年
●ウーテ・グッツォーニ　Guzzoni, Ute 167
米田美智子訳『住まうこととさすらうこと』晃洋書房、2002年

小倉孝誠・野村正人・小倉和子訳『時間・欲望・恐怖―歴史学と感覚の人類学』藤原書店、1993年

【D】

●リチャード・ドーキンス　Dawkins, Richard 38

日高敏隆・岸由二・羽田節子・垂水雄二訳、『利己的な遺伝子』紀伊国屋書店、1991年

●ジャック・デリダ　Derrida, Jacques 52, 75

＋ベルナール・スティグレール；原宏之訳『テレビのエコーグラフィー―デリダ〈哲学〉を語る』NTT出版、2005年

●ヒューバート・L・ドレイファス　Dreyfus, Hubert Lederer 42

門脇俊介・貫成人・轟孝夫・榊原哲也・森一郎訳『世界内存在―『存在と時間』における日常性の解釈学』産業図書、2000年

●ジャン＝ピエール・デュピュイ　Dupuy, Jean-Pierre 113-116

嶋崎正樹訳『ツナミの小形而上学』岩波書店、2011年

桑田光平・本田貴久訳『ありえないことが現実になるとき―賢明な破局論にむけて』筑摩書房、2012年

●エミール・デュルケム　Durkheim, Émile 39

田原音和訳『社会分業論』ちくま学芸文庫、2017年

【E】

●ウンベルト・エーコ　Eco, Umberto 47, 195

「偶然と筋」「失われた透明性」和田忠彦監訳『ウンベルト・エーコのテレビ論集成』河出書房新社、2021年

【F】

●リュシアン・フェーブル　Febvre, Lucien 135-136, 139

長谷川輝夫訳『歴史のための闘い』平凡社ライブラリー、1995年

●フェルディナンド・フェルマン　Fellmann, Ferdinand 69, 72-73

堀栄造訳『生きられる哲学―生活世界の現象学と批判理論の思考形式』法政大学出版局、1997年

●ミシェル・フーコー　Foucault, Michel 68, 75, 146

神谷美恵子訳『臨床医学の誕生』みすず書房、1969年

参考文献+索引

【A】

末松壽・佐藤正年訳『物語論―プロップからエーコまで』白水社、2004年

高桑和巳訳『ホモ・サケル――主権権力と剥き出しの生』以文社、2003年
高桑和巳訳『私たちはどこにいるのか？―政治としてのエピデミック』青土社、2021年
高桑和巳訳『王国と栄光―オイコノミアと統治の神学的系譜学のために』青土社、2010年

『東北学／忘れられた東北』講談社学術文庫、2009年

『「阪神大震災 再生の日々を生きる」「大震災から25年／野田北部・人とまちのいま」資料集』野田北部を記録する会、2020年

【B】

岩村行雄訳『空間の詩学』ちくま学芸文庫、2002年

望月哲男・鈴木淳一訳『ドストエフスキーの詩学』ちくま学芸文庫、1995年

中山元訳『風土学序説―文化をふたたび自然に、自然をふたたび文化

著者
水島　久光（みずしま　ひさみつ）
1961年生まれ。東海大学文化社会学部教授。慶應義塾大学経済学部卒業後、広告会社、インターネット企業を経て、東京大学大学院学際情報学府修士課程修了。2003年東海大学着任。メディアのデジタル化と公共性をテーマに、思想研究と実践をつなぐ活動を行っている。
〈著作〉『閉じつつ開かれる世界――メディア研究の方法序説』（2004年、勁草書房）『メディア分光器』（2017年、東海教育研究所）、『手と足と眼と耳――地域映像アーカイブをめぐる実践と研究』（2018年、学文社）、『戦争をいかに語り継ぐか――「映像」と「証言」から考える戦後史』（2020年、NHK出版）、ほか多数。

「新しい生活」とはなにか
――災禍と風景と物語

二〇二一年八月三〇日　初版第一刷発行

著者　**水島久光**
発行者　**早山隆邦**
発行所　**㈲書籍工房早山**
〒一〇一-〇〇二五　東京都千代田区神田佐久間町二-三　井上ビル六〇二号
電話　〇三-三七二二-三六九三
FAX　〇三-三七二二-三六九三
振替　〇〇一〇〇-四-六一〇八五三
印刷・製本　モリモト印刷株式会社

ISBN 978-4-904701-57-7　C0010